ジャイアント馬場

16文キックの伝説

東京新聞

GIANT BABA

「32文ロケット砲」の愛称で親しまれた
ドロップキックを放ち、巨体が宙に浮く
＝1965年11月、蔵前国技館（東京）
（木村盛綱撮影）

妻元子さんとの披露宴＝1983年1月、旧東京ヒルトンホテル
（木村盛綱撮影）

全日本プロレス所属選手らと新春恒例のあいさつに立つ＝1994年1月、後楽園ホール（東京）

全日本プロレス初の東京ドーム興行（１９９８年）を控え特注したガウンを着てほほえむ

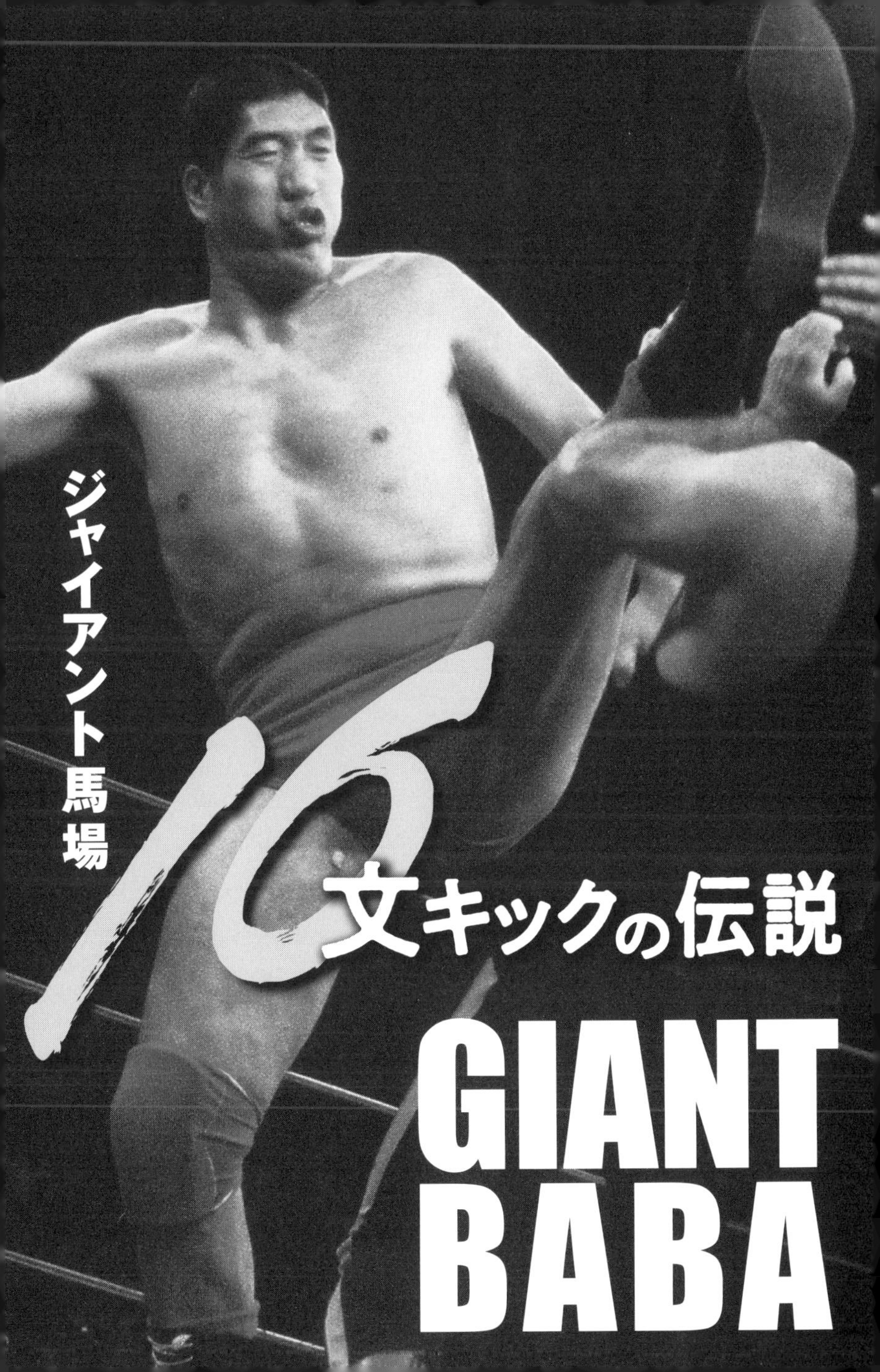
ジャイアント馬場
16文キックの伝説
GIANT
BABA

序章

あるプロレス記者の回想　ジャイアント馬場のいた時代

東京中日スポーツ記者・大西洋和

◆だれにも似ていない二〇九センチ

初めて私がジャイアント馬場さんを生で見たのは一九七五年、中学一年生の夏休みだった。地元の田舎町に、全日本プロレスの興行がやってきた。会場は駅前のスーパーマーケット建設予定地で、屋根も柱もない、ただの空き地だ。周囲は分厚いビニールの幕でぐるっと囲われていた。七〇年代は、こうした青空会場でよくプロレスをやっていたのだ。蒸し暑い日暮れ前、私はためた小遣いで一番安い立ち見席千円のチケットを買い、入場が始まるまで友達と一緒に入り口横のパンフレット売り場をながめていた。そこに馬場さんがやって来たのである。

すでにあたりはお祭りのような人出でにぎわっていた。大人たちは缶ビールをあけたり、うちわでパタパタあおいだりしながら、たむろしていた。馬場さんがビニール幕を開けて中から姿を見せると、その人々がどおっと沸いた。その巨大なこと！　テレビで見て大きいのは分かっていたが、目の前の二〇九センチはもう圧倒的で、まるで神社に生えている杉の大木みたいだった。

注連縄(しめなわ)が巻かれていたら、手を合わせて拝んでいたかもしれない。それほどまでに神々しかった。

全日本のユニフォームシャツと短パン姿の馬場さんは、見たこともない太い葉巻をくわえ、のっしのっしと歩いてきた。そして、売り場の横に立ち、あたりをぐるりと見回した。あたかも、今日もたくさんの人が来てくれたなあ、うれしいなあ、と言っているようだった。

パンフレットを買えば、馬場さんに近づける。でも、そんなお金を持っていないわれわれは、遠巻きに見ているしかなかった。それでも、大きくて余裕に満ちた馬場さんの姿は、ほかのだれにも似ていなくて、私は「かっこいい!」としびれた。

◆「馬場の方? 猪木の方?」

当時のプロレスは、戦後復興の象徴だった力道山の街頭テレビ時代には及ばないとはいえ、日本人の主要な娯楽コンテンツの一つを担っていた。なにせ、テレビで見られるプロスポーツといえば、ほかにプロ野球と大相撲しかないころのことだ。ゴルフはまだ一部の大人が見る特殊な分野という扱いで、サッカーのJリーグは影も形もなく、アメリカの大リーグをテレビで見るなんて夢のまた夢だった。

プロレスには全日本と新日本、国際の三団体があった。どの団体にもテレビ局がついていて、週に一度、試合の中継(もちろんBSやCSはない)をやっていた。この中で、国際はラッシャー木村やアニマル浜口といった、その後存在感を発揮することになる選手がいたのだが、団体自体の人気はさほどなく、参加する外国人レスラーも地味で、いろんな意味で下降線だった（八一年に活動停止）。プロレスファンはおおむね、全日派とアントニオ猪木の新日派に分かれ、世間の人たちはプロレスの話題を口にするとき、必ずこんな枕詞を付けた。

「それは馬場の方？　それとも猪木の方？」

と。

◆教科書代わりのプロレス雑誌

われわれプロレスファンの間では、次のシリーズにどんな外国人レスラーが来ることになったとか、馬場や猪木の次のタイトルマッチの相手がだれに決まったとか、そうした情報はとても貴重で重要なものだった。それらは主に、当時月刊誌だった「プロレス」や「ゴング」に載るのだが、仲間のだれよりも早く知りたかった私は、雑誌が発売日の前日に行きつけの書店に搬入されることを聞きつけると、頼み込んで一日早く売ってもらっていた（今だから言えますが）。学校帰りに買った雑誌はその日のうちに隅から隅まで漏らさず読み込み、翌日学校で得意げになって友達に新情報を披露する。私の国語の教科書は間違いなくプロレス雑誌であり、漢字や語句の多くをそこで学んだ。時間があればノートに選手の似顔絵を描いて、テレビ中継を心待ちにするという徹底ぶり。雑誌の読者ページに試合の感想などを書いて送り、掲載されると送られてくる選手や試合の写真をまた友達に見せて大喜びするという、青い日々を送っていた。

◈国民的娯楽

〝馬場の方のプロレス〟は、とにかく外国人選手が豪華で豊富だった。ドリーとテリーのザ・ファンクス、ハーリー・レイス、ミル・マスカラス、ディック・マードック、ビル・ロビンソン、ジャック・ブリスコ、ワフー・マクダニエル、ヒールのアブドーラ・ザ・ブッチャーやザ・シーク、既にオールドレスラーの域に達していたブルーノ・サンマルチノ、フリッツ・フォン・エリック、バーン・ガニア、ジン・キニスキー、キラー・コワルスキー、ドン・レオ・ジョナサン……。こんな強豪たちがシリーズごとにやってきて、馬場さんや弟子のジャンボ鶴田、日本陣営にいたザ・デストロイヤーと闘う。レスラーごとに人間風車とか千の顔を持つ男とか狂犬とか呪術師とか荒法師とか、それぞれのキャラクターを表したキャッチフレーズがついていて、それがまた興味をかきたてた。

今ではレスラーがテーマ曲に乗って入場してくるのが当たり前になっているが、定着したのは七七年に全日本にやって来たミル・マスカラスと『スカイ・ハイ』が大ブームになってからだろう。それ以前にも音楽に乗ってリングに現れるレスラーはいたのだが、ファンは、「何、これ？」という感じであった。それまではどんな大物レスラーであっても、前の試合が終わって自分の出番が来ると、地味なジャージーを着て黙ってリングに歩いてきた。反則をしない正統派のレスラーは観客の拍手に両手を上げてこたえたり、もらった花束をリングサイドの女性にプレゼントしたりし、中には花束をその場で食べてしまうレスラーもいたが、たいていはリングアナウンサーに名前をコールされるまで、黙ってコーナーに突っ立っていた。それでも当時の大物レスラーは、こうしているだけで凄（すご）みをかもし出し、ゴングが鳴った直後に展開される試合への期待感をふくらませてくれた。

　もちろん、馬場さんの立ち姿は、素晴らしく絵になった。人間国宝にデザインしてもらったというきらびやかなロングガウンを身にまとい、若手に先導されながら観客をかき分けて花道を歩き、寡黙な表情のまま長い脚を伸ばしてトップロープとセカンドロープの間をまたいでリングに入る。これだけで説得力は十分だった。

　馬場さんが豪華な外国人レスラーをシリーズごとに迎え、選手としても全盛時を迎えていたころ、ライバルの新日本は対照的にアントニオ猪木の一点豪華主義で勝負していた。それは全日本ほどの強力な外国人レスラー招聘（へい）ルートを持っていなかったことも大きな理由なのだが、猪木は日本人同士の対決や異種格闘技戦を打ち出し、闘いにリアルさを求めた。そして、口をかたく引き結んでリングに入り、名前をコールされるとガウンのひもを解いて両手を上げる姿にもまた、熱狂的なファンがついた。この時代、全日本と新日本が合わせ鏡となって、プロレスを国民的な娯楽にのし上げた。

◆観客との闘い

全日本には体の大きなアメリカ人レスラーが続々と登場したが、やはり身長二〇九センチ、体重一四五キロだった全盛時の馬場さんより大きいレスラーは、そうはいなかった。だから、馬場さんの試合スタイルは、〝受け〟が多かった。なにせ、ピッチャーとしてプロ野球の巨人軍に入団するほどの身体能力の持ち主だ。はじめから自分の間合いで試合を進めてしまえば、すぐに終わってしまう。

馬場さんの試合は、まず相手と組み合い、ヘッドロックをかけたらそのまま寝技に持ち込んで、互いの呼吸をはかる。それから立ち上がると、相手の技を次々と受け止め、見ている観客に痛みを伝える。体の大きな馬場さんが後ろにのけぞったり、顔をしかめたりするだけで迫力が伝わり、相手の技の破壊力の大きさをうかがい知れた。

そんな攻防が続いたあと、ようやく馬場さんの時間になる。引き出しを開け、脳天唐竹割りやココナッツクラッシュを繰り出す。そして、クライマックスは、16文キックだ。ロープに飛ばして戻ってきた相手に、馬場さんが片脚を振り上げ、顔面に大きな足の裏をめりこませる。これを受けて倒れたら、どんなレスラーでも立ち上がれない。そのままカウント3を聞いて、終了のゴングが鳴る。

後年の馬場さんには、足が相手の顔の高さまで上がっていない（胸に当たっていた）とか、ロープから戻ってきた相手が自分から足に当たりに行っているとか、そんな悪評がささやかれた。だが、私は「素人衆は分かってないな」と、一笑に付していた。もう一度書くが、馬場さんはプロ野球にも在籍した、運動神経の塊のような人だ。16文キックには、当事者のレスラーにしか分からない、脱出不能なタイミングと威力があったのだ！　水戸黄門が懐から印籠（いんろう）を取り出すように、遠山の金さんが肩の桜吹雪を見せるように、ちびまる子ちゃんが最後にずっこけて終わるように、馬場さんは最後の最後に16文キックを繰り出すことで、試合に起承転結をつけていたのだ。始まりからいきなり印籠を見せつけたり、ライダーキックを乱発したりすれば、物語は成り立たないだろう。

こうして馬場さんは、自分のスタイルを作り上げた。それはもう、芸の域であった。プロレスラーは、目の前の相手と闘うと同時に、観客と闘う。レスラー同士で勝ち負けをつけるだけではなく、観客をどうやって喜ばせ、沸かせられるかを勝負する。その意味で、最後に16文キックを繰り出し、「ああ、この技が出たから試合も終わりだ」と、観客を納得させた馬場さんは、いつでも勝利者だった。

◆16文キックの誕生秘話

本書『ジャイアント馬場　16文キックの伝説』は、一九九四年に出版された『16文の熱闘人生』に、馬場さんの運転手兼付き人で、馬場さんを公私にわたって支え続けた和田京平レフェリーのインタビューなどを付け加えて、再出版の運びとなった。本文中で馬場さんは、野球に熱中した新潟での少年時代のころから、巨人軍に入団したいきさつ、プロレスへの転向、力道山との関係、海外武者修行、日本プロレスのエース時代、全日本設立、そして円熟を迎えた五十代半ばごろまでのことを語っている。

馬場さんは間違いなく昭和を彩ったスーパースターだが、六十一歳と世間的に見れば若くして亡くなったこともあって、自叙伝は少ない。それだけに、本書は肉声を聞ける貴重な一冊になっている。それぞれの時代のプロレス界の背景にも触れられていて、マニアにとっては貴重な歴史書でもある。

中でも、アメリカ武者修業時代の苦労話は、自分のことをあまり語りたがらない性格だっただけに、とても興味深い。あの大きな馬場さんが、生活費を稼ぐため、アルバイトでペンキ塗りや芝刈りをしていたなんて、想像しただけでほほえましいではないか。

出色なのは、16文キックの誕生秘話だ。アメリカでの試合で、相手が飛んでくるのをよけようと無意識に左脚を上げたら、当たってしまった、想像以上のダメージがあって、そのままフォール勝ちしたという。上げたのが左脚だったのは、野球時代は右投げのピッチャーで、振り上げる動作が同じだったかららしい。なんとも豪快で、ちょっと笑ってしまうエピソードだ。

ちなみに、16文は40センチ近くになる。いくら大きな馬場さんとはいえ、さすがにこんなに大きな足はしていなかった（実際は34センチ）。たまたまアメリカで馬場さんが履いていた靴に「16」とラベルが貼られていて、それを見た新聞記者が「16文キック」と名付けたらしい。靴にまつわる逸話はほかにもあるが、それは巻末の和田京平さんへのインタビューに譲りたい。

◆コメディアンも顔負け

後年の馬場さんには、類いまれな笑いのセンスもあった。おそらく、タレントの関根勤が、ジャイアント馬場の物まね、という芸を確立させたあたりからだと思う。チョップなど相手の攻撃を受けた〝馬場〟が、少し間を置いてから、「アポー〜」と低い声で叫び、顔をしかめながら片膝を折る。今の若い世代はおそらくご存じないだろうが、当時の小学生や中学生男子は、だれでも一度や二度はまねたことがあるはずだ。そして、それをきっかけに、いろんなお笑い系の人たちが、馬場さんをネタに笑いをとるようになった。

馬場さん自身も、それを楽しんでいたようだ。関根勤の物まねは馬場さんの公認になったし、なにより自分自身がタレント活動を始め、テレビのクイズやバラエティー番組によく出るようになった。本職のコメディアン顔負けの面白さを発揮し、あのゆったりとした間合いとにこやかな笑顔で、スタジオをほんのり包み込んでいた。馬場さんが出ているだけで、「あ、この番組は見ても大丈夫だ」と、妙な安心感があった。いくつかのテレビCMにも出演し、電子楽器CMの決めぜりふ「僕にも弾けた」は、流行語になった。

ちなみに、馬場さんのライバルだったアブドーラ・ザ・ブッチャーは、当初は隠し持った凶器を手に相手を血だるまにする流血ファイトで観客に恐れられたが、笑うと意外にかわいい顔であることがその後判明、漫画の愛されキャラにもなった。馬場さんといいブッチャーといい、プロレスラーがジャンルの枠を越えて世間に影響力を与えるなんて、今ではほとんど考えられないことだ。

◆国民的必殺技に

本書の中で、馬場さんは、「プロレスのブームといわれる状態はここ三～四年続いています」と語っている。そのころの馬場さんは、すでにリング上では第一線を退き、ラッシャー木村らとともに前座に専念していた。ややもすれば殺伐となりがちなプロレス興行の前半で、会場を盛り上げる役割だ。サーカスでスリリングな空中ブランコや危険な猛獣ショーの合間にピエロが出てきて場をなごませるように、プロレスでもこうした役回りは必要だ。そして、和田京平さんのインタビューにもあるように、これがまた観客の人気を呼び、馬場さんの存在感を改めて際立たせることになった。

馬場さんは、上がりづらくなった左脚をそれでも上げて16文キックを放ち、ファンを喜ばせ続けた。脚はもう相手の腹のあたりまでしか上がらなくなっていたが、もはやあれこれ言う輩(やから)はいなかった。この技を見られるだけでいい。ありがとうございました。16文キックは国民的必殺技として、すべての人に認められていた。

そのころの全日本の主軸は、馬場さんの弟子で四天王といわれた三沢光晴、川田利明、田上明、小橋建太が担った。馬場さんの「反則をする外国人レスラーはいらない」という方針から、かつての凶器攻撃からの流血シーンはなくなり、代わりに難度の高い必殺技がどんどん開発されていった。四天王による激しい肉体のぶつかり合いと、前座に出てくる馬場さんの楽しいプロレスの融合は、ひとつの完成形でもあった。年間七回行われていた東京・日本武道館大会のチケットは、発売即完売が続く大人気。入手困難なプラチナチケットだった。

◆ひしめくインディー団体

このころ、他団体では、全日本育ちの大仁田厚が過激なデスマッチをウリにする団体ＦＭＷを設立、血だるまになりながら死闘を繰り広げるスタイルが共感を呼び、「涙のカリスマ」と呼ばれるようになった。ＦＭＷの大成功で、インディーと呼ばれる小規模な団体が続々と誕生、一時は日本に三十団体ほどがひしめいた。

そして、もうひとつのメジャー団体である新日本も、猪木が常時試合に出ることはなくなり、引退への「ファイナルカウントダウンシリーズ」を開始（引退は九八年）。武藤敬司、橋本真也、蝶野正洋の闘魂三銃士がリングの中心になった。猪木は政治活動を開始し、八九年に参院選に当選した。プロレスはリングの内でも外でも、話題を提供していた。

ちなみに、最初に馬場さんが本書を著した九四年は、国内では松本サリン事件が起き、南アフリカではネルソン・マンデラが黒人初の大統領になった。スポーツ界では「10・8」と呼ばれた巨人対中日のセ・リーグ優勝決定試合があり、ボクシングでは薬師寺保栄対辰吉丈一郎のＷＢＣ世界バンタム級統一王座決定戦があり、Ｆ１ではアイルトン・セナがレース中に事故死した。

そして、五年後の九九年、病床にあった馬場さんも突然ファンの前から姿を消した。

◆K―1とPRIDEの勃興

ここから先は、馬場さんは知らない。「ここ三〜四年ブームが続いている」と馬場さんが語っていた時代から一転、プロレス界を取り巻く環境は大きく変わった。

その一つに、二〇〇〇年代に入ってからの新興格闘技の台頭がある。同じ四角いリングの中で闘う競技でありながら、試合の勝ち負けを重視するリアルファイトが大ブームになった。

まずは、立ち技系格闘技のK―1だ。一九九〇年代前半から始まり、キックボクシングや空手などの強豪を世界各地から集めた。ピーター・アーツやアーネスト・ホースト、アンディ・フグ、ボブ・サップといった、マニアを除けばそれまで日本人の知らなかった強くて大きな強豪を発掘し、緊迫感あふれる試合を見せた。

続いて、九七年に始まった総合格闘技のPRIDE(プライド)だ。こちらはプロレス界に与える影響は、K―1よりもさらに大きかった。日本の武道の技術を発展させたブラジルのグレイシー柔術や、戦場での格闘を想定して技術体系が作られたロシアのコマンドサンボといった、日本人にはなじみのなかった神秘的ともいえるバックボーンを持つ選手が続々と登場した。そして、日本のプロレスラーが何人も対戦相手として立ち向かったが、タックルで倒され、馬乗りで殴られ、締められたり関節技をきめられたりして、なすすべなく敗れるシーンが相次いだ。レスラーがブレーンバスターやドロップキックで相手を吹っ飛ばし、足四の字固めやコブラツイストで仕留めると思っていたプロレスファンは、大きなショックを受けた。

さらに、K―1もPRIDEも、会場の演出力に長けていた。刺激的な音楽とレーザー光線を駆使し、試合開始前から若い世代の心をつかんだ。客足が遠のき始めたプロレス団体の中には、そんな演出を取り入れ、試合自体も格闘技色を濃くしたところもあったが、うまくいかなかった。PRIDEでは、体重八〇キロ程度で、これまでのプロレスの枠では軽量級にあたる桜庭和志がグレイシー一族を次々と倒して一躍ヒーローになったが、それがプロレス興行の集客に直結することはなかった。週刊誌になっていた「プロレス」と「ゴング」のうち、「週刊ゴング」は二〇〇七年三月に一時休刊となり、現在に至る。

◆全日本と新日本のタッグ

全日本プロレスはこうした新しい格闘技の勃興期にも、あくまで従来のプロレスの試合内容を高めようとしていた。馬場さんが派手な会場の演出を好まなかったこともあるだろう。これらを語ることも、ほとんどなかった。それは、旧来からのプロレスファンを守ろうとしているようにも見えた。

だが、馬場さん急死の翌二〇〇〇年、全日本は突然分裂した。新しい時代に合ったプロレスを目指したい三沢らが、プロレスリング・ノアを旗揚げした。馬場さんは生前、「自分が死んだら、何もかも全部三沢にくれてやる。だが、全日本の名前は使わせない」と言っていた。図らずもそれが、現実のものになったわけだ。そして主力選手がごっそり抜けた全日本は、かつてライバル関係にあった新日本に協力を仰ぎながら存続。その後、新日本の看板選手だった武藤敬司が移籍、社長就任という、馬場さん時代には想像もできないような一時期があり、さらにそこからさまざまな紆余曲折を経験した。

◆変わる全日本

時代が令和に変わった今も、全日本は新しい選手たちが団体名を受け継ぎ、メジャー団体として活動を続けている。だが、レスラーのタイプや会場の雰囲気は、この二十年あまりで大きく変わった。色鮮やかなコスチュームと、流れの速い攻防が主流になっている。それを見て、昔ながらのファンの中には、「昔はよかった」と嘆く人もいる。だが、物事は変わっていかなければ、進歩はない。縁あって新聞社でプロレスを取材するようになった私も、少年時代に見た馬場さん時代を懐かしく感じながらも、今のスタイルを応援したいと思っている。

うれしいのは、馬場さんの愛したＰＷＦヘビー級王座などの三冠王座が、今も団体の象徴として存続していることだ。ベルト自体は老朽化から一本にまとめて新しいものに新調されているが、そこには「PWF」の文字がしっかり刻印されている。そして、どのレスラーも、馬場さんの16文キックのように、たった一発で観客を納得させる自分の必殺技を持ちたいと願い、技術を磨き、馬場さんが腰に巻いたベルトを自分も巻きたいと奮戦している。だからこそ、今も全日本の会場に人が集まるのだろう。

馬場さんが亡くなって、四半世紀がたった。二〇九センチよりもっと高いところに行ってしまった馬場さんは、伝説の存在となっている。だが、国民的必殺技となった16文キックの魂は、今も若い世代の間に生き続けている。オールドファンが懐かしむプロレス黄金期のシーンを切り取った本書には、そんな馬場さんの生き方が詰まっている。

おおにし・ひろかず
昭和38年京都府生まれ。62年中日新聞社入社。平成12年から中日スポーツ・東京中日スポーツでスポーツ取材。専門はプロレス・格闘技とゴルフ。

目次

第六章 メーンイベンターに

第七章 プロレス戦国時代

＊本書は1994年に刊行した『16文の熱闘人生』を一部修正のうえ、写真も一新し再録したものです。また、刊行当時の時代状況がわかる序章と、ジャイアント馬場ゆかりの和田京平氏のインタビューを加えました。固有名詞や肩書、数字は当時のものです。

第一章　様変わりしたプロレス

◆日米逆転

プロレスも今、三回目とか四回目のブームとかいわれているようですが、僕にはほんとにそうなのか、なぜなのか、よく分かりません。

ただ、昔のプロレスと比べて、やり方とかプロレスを見にくるファンの層とかいろんな面で変わりました。一度見にきてもらえば分かりますが、若い男性のお客さんに交じって、若い女性ファンも多くなりました。

会場も明るくなりました。照明とかではなくて、お客さんのムードがね。会場のムードが明るいということで、若い女性同士でも来られるようになったんです。

ほんとに昔と随分違っています。昔はプロレスの興行というと、暴力団関係というのがあって、やくざに切符が回るということもありましたからね。今は全くそういうことはありません。

やり方では例えば外国人レスラーも変わりました。

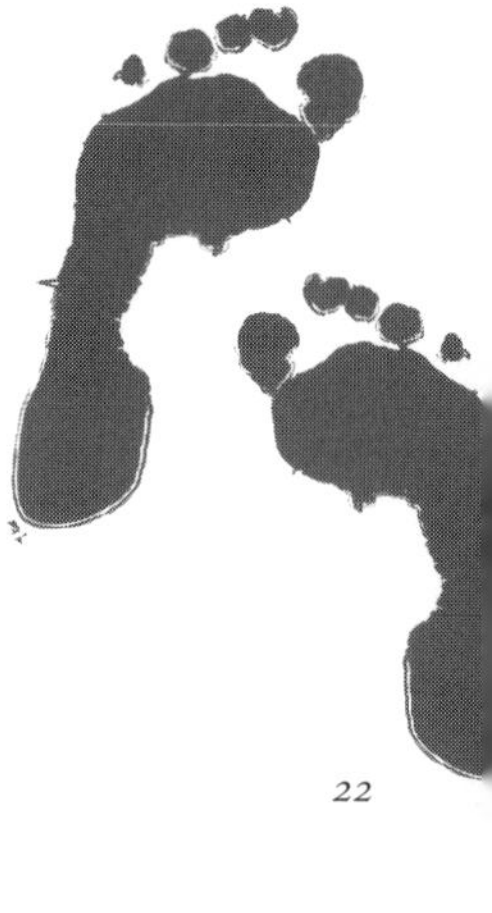

戦後間もなくだった昔の力道山時代は、力道山や日本のレスラーがアメリカのレスラーをやっつけると、日本のお客さんに受けるということがありましたが、今は日本人も外国人も同じです。日本人同士、外国人同士のカードもありますし、外国人同士でも興味のあるカードなら盛り上がります。勝敗よりも、中身のあるいい試合をファンは期待しているのです。

それに、現在、アメリカのプロレスは衰退してしまって、日本のプロレスのレベルはアメリカやヨーロッパなど問題じゃないのです。

アメリカのプロレスが衰退したのは、アメリカのテレビ局がプロレスを経営するようになったためです。テレビ局が、番組のためにプロレスをする。レスラーを鍛え上げて、試合ができるようになるまで仕込む、といったことをしないで、試合ができるようになったらハイ使う、という契約なんです。だから、プロレスラーとしての質が非常に落ちてしまった。それが、今のアメリカのプロレスが衰退した原因だと思います。

そんな状況ですから、今は外国人選手がビデオカメラを持ってきて、日本でやっている試合を撮り、アメリカに持って帰って技とかいろいろ研究するという状態なんです。昔はわれわれがアメリカへ行って、試合やアメリカの映画を見て研究したのと、全く逆です。

僕が社長をしている株式会社全日本プロ・レスリングに所属するリチャード・スリンガーというアメリカの若いレスラーは、日本に来て僕のところで育ったレスラーなんです。

だから、昔は外国人レスラーは手を抜く、なんて言われましたが、今は手を抜いたりしたら、「もう次はお前は日本に来んでいいよ」というふうにはっきり言います。今、外国人選手は、それを言われたら食べる道がなくなりますから。外国人選手はだから必死ですよ。その必死さがファンに受けているんじゃないかと思います。

◆年間百五十試合

現在、全日本プロレスは全国で年間百五十試合をこなしています。

今、プロレス団体は十七とかあるそうです。私もよう分かりませんから、皆さんもどうなっているのか分からんでしょう。ただ、その中で、これだけの試合をしているのは全日本ぐらいです。

全国を興行して回るというこのやり方は、力道山がアメリカから学んできたようです。自分たちも、昭和三十五年四月、力道山の所へ入門した新弟子時代からそういうふうにしつけられたので、かえって試合数が少ないほうがきついですよ。

僕らはこうして練習して試合するのが仕事です。机に向かうのが仕事じゃない。リングにいる方が机に向かっているより楽ですからね。二百試合になったって別にいいと思いますよ。

お客さんの入りも良くなりました。まあ、地方に行くと「どこでも満員」という状態ではないですが、非常に良くなったのは事実です。

その興行は、年間八シリーズに分けてやりますが、平成五年九月末から秋の「全日本プロレス旗揚げ21周年'93ジャイアント・シリーズ」は、こんな日程でした。

二十九日、茨城・土浦霞ヶ浦文化体育館、三十日、群馬県スポーツセンター、十月一日、神奈川・南足柄市総合体育館、二日、静岡・清水市営体育館、三日、京都・西舞鶴特設リング、四日、広島・尾道市公会堂、六日、長崎国際体育館、七日、福岡・博多スターレーン、八日、大分県営荷揚町体育館、十一日、大阪府立体育会館、十二日、三重・津市体育館……。

これが二十三日の東京・日本武道館の決戦まで続き、二十五日間に二十カ所、二十会場です。

その間の移動は昔は列車でしたが、今はバスを使います。試合が終わるのが夜九時半ぐらい。その日はそこで泊まり、次の朝、バスで次の場所に行き、トラックで運んできたリングをつくり、三時ごろから五時半ごろまで会場で練習します。

カードは毎日会場ごとに変えます。あのレスラーは調子が悪そうだとか、ケガをしているなとか、同じレスラーなので僕には分かりますから、僕も決めますが、選手の取組をつくる係がいます。それに、ファンの要望も全部取り入れてやるようにしています。

ファンからの投書とかが会社に来ますし、プロレス専門のマスコミにも要望が来る。それをもらって、参考意見にして決めていきます。

これも今までと違うところなんです。昔はプロレス会社が決めて「こうだよ。こういうことをやります。ハイ、切符を買って下さい」というやり方でした。

まあ、今のプロレスは、お客さんがどんなカードを見たい、どういうことを望んでいる、ということを聞いてやれる状態になりましたね。

◆明るく楽しく激しく

日本プロレスから独立、全日本プロレスを旗揚げしたのが昭和四十七年十月二十一日。平成五年で二十一周年ですが、「明るく楽しく激しく」をモットーにやってきました。

プロレスの世界で「明るく楽しく……」というのもなんですが、プロのスポーツで「明るく楽しく……」というのもあまりないんだそうです。それをあえてやってきたのは、理由があります。

これまでのプロレスは何かこう殺伐な、陰険な、「このヤロー、ぶっ殺してヤル！」といったイメージでずっと続いてきましたよね。その陰険なイメージから脱皮して、やっぱり明るいスポーツという、そのものにならなきゃいけないというのが、僕の考えなんです。

プロレスが変わればファンも変わります。プロレスが明るくなれば、会場に来てもらってファンに楽しんでもらえます。

プロレスでもなんでも、日本人の楽しみ方が上手(うま)くなった、と言われますが、そういうこともあるかもしれません。

プロレスではそれはどういうことかというと、今までもプロレス・ファンというのはいたんです。でも、「私、プロレスのファンです」ということを、人前で言いにくかったような状態だったと思うんですよね。

それが今は「私、プロレスのファンです」ということを平気で言えるようになった、ということじゃないかと思います。

流血というのもそうです。流血戦というのは、自分にレスリングの技術がない人たちが割合やるんです。血を流したことによってお客さんの同情や注意を引くというようなことです。

偶然の場合は別ですが、うちの全日本プロレスは、いろんな技やファイトとかでお客さんの注目を引いているわけで、血を流すようなことはしなくてもいいんです。

アブドーラ・ザ・ブッチャー選手のオデコなんて、たたいたらすぐ切れて血が出ます。でもあえてそんなことはしない。血が流れたりすると、「明るく楽しく……」から遠のいてしまいます。

人のことだから言うのは控えますが、「血戦なんとかマッチ」などというのは、ちゃんとプロレスができない人たちはそういったことを考えるようですね。

前は三本勝負や反則負けがありました。今はなしにしました。今はみんな一本勝負。反則負けはルールとしてありますが、そうならないようカウントをゆっくり数えたりするようにしています。決着がつかないとファンも納得しないのです。

プロレスには付き物といわれる場外乱闘も、禁止です。リングの周りにフェンスを張って、そこから出ないようにする。場外乱闘で会場に傷をつけてしまうと、次から公共施設など借りられなくなってしまうからです。

◆技と笑いと……

ファンもプロレスのことをよく知っています。それに信頼してくれています。

例えば「'93ジャイアント・シリーズ」最終日の平成五年十月二十三日の日本武道館で、次の「'93世界最強タッグ決定リーグ戦」の最終日十二月三日の日本武道館の切符を先行販売したのですが、ほとんどが売れてしまうのです。まだ組み合わせや外国人選手はだれかなど決まっていないのに、です。

全日本プロレスは自分たちをだまさない、と信用しているのですね。今までのプロレス界は、切符が売れたんだからこの程度でいいじゃないか、ということでした。

しかし、今これだけ人気が出てきて切符も売れる、ということで手を抜いたことをすると、次はポンと見放されてしまうでしょう。

それが怖いものだから、お客さんがいっぱい来ると分かっていたら、それにこたえる内容にしなければいけない、信用を大事にしていかなきゃいけないと思うんですね。

力道山と柔道の木村政彦が対決、力道山が勝った試合は昭和二十九年十二月のことでしたが、あのころは、ただ勝てばいいという時代でした。勝つためにはなんでもするということもあったでしょう。技術的にも、今のように進歩していませんでした。

今は技も進みましたが、試合も随分違います。若手の試合は激しく、ようやる、と僕でも思うくらいの技の応酬です。

僕も、もうタイトルマッチ戦に挑戦する年ではありませんが、まだ現役でやっています。

大相撲からプロレス入りし、かつて僕に挑戦してきたこともあるラッシャー木村と「ファミリー軍団」を組み、永源、泉田選手の「悪役商会」と30分一本勝負のタッグマッチで対決するのです。木村、永源らのユーモラスな動きに場内は歓声があがり、僕もリングの上で、笑いをこらえるのに困るようなときがあります。

プロレスの試合の中で、のどの辺りを空手などで打つと、たまったつばがバッと飛ぶことがあります。これもたまたまそうなったのですが、木村が「悪役商会」の永源をロープに捕まえチョップを入れたら、客席につばが飛んでお客さんが逃げ回ったのです。

それからはリングサイドのお客さんは新聞紙を用意して、「やるぞ」と木村が永源を捕まえると、新聞紙を広げるようになりました。ファンが切符を買うときにわざわざ、「永源選手のつばが飛ぶ席」と指定してくるそうです。

これが終わると、木村の「マイクパフォーマンス」です。木村が「悪役商会」に対し、「今度ハイキングに行こう、おにぎりを用意して」なんてリングサイドのマイクを使ってやるのです。お客さんは大喜びです。これをやらなきゃ、ファンは怒るでしょうね。これも「明るく楽しく……」の一つというわけです。

◆サイン

興行的には少し前までは赤字続きで、よくなったのはこの二、三年のことです。

昔はお客さんが少なくて、試合をするのが嫌になった時もありました。地方では「いつも満員」ということもありませんが、よく入っています。一会場に三千人として、北海道から九州まで全国で年間百五十試合ですから、四十五万人以上のお客さんが来てくれています。

いま全日本プロレスは、所属が外国人選手を含めて選手二十人、社員が二十七人です。僕は「四十七士」と言ってるんですが、みんな僕の子どもみたいなもんです。

社員は僕のファンだからということで入社してくる若い人もいるようですが、みんなプロレスが好きですね。

地方の興行や東京の後楽園ホール、日本武道館決戦の時には、社員が立って会場のロビーなどで僕や人気選手のTシャツや試合のビデオなどグッズを売っています。

武道館以外の会場では、僕がその売り場の中に置いた椅子にトレーニング姿で座ってTシャツを買ってもらうとその場でサインをすることにしています。

こういうやり方に対して、いろんな意見が

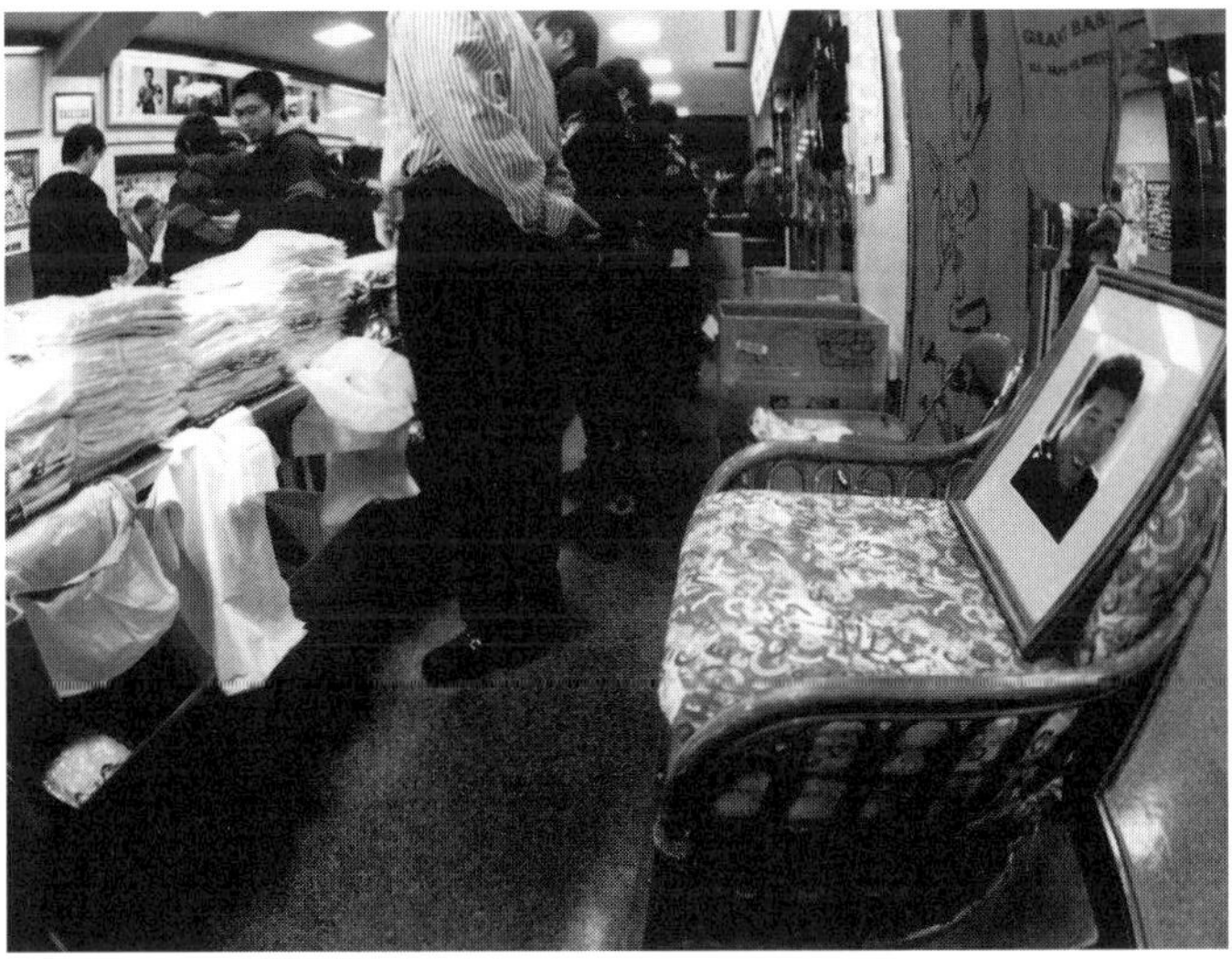

グッズ売り場の「指定席」に置かれた遺影＝1999年2月、後楽園ホール（東京）

あるようです。スターは試合前やふだんはお客さんの前に顔を見せないで、試合が始まり、僕のテーマ曲が鳴って、スポットライトが当たってから、初めてパッと顔を見せる、それまではだれにも姿を見せない方がいい、その方が貫禄があっていいいんじゃないか、馬場はあそこにいない方がいい、というんです。

いまでもそう言う人もいますが、実はあれは二十年前に始めました。というのも、昔のことですから社員の給料が安い。そこで、売り場に立ってグッズを売る社員に、売り上げの一〇%が行くようにしたのです。

僕が売り場にいることによって、少しでも売り上げが上がり、彼らの収入が少しでも多くなればいいと思って始めたことなんです。みんな百円でも二百円でもお金が回れば、彼らが多くもらえれば、という気持ちでね。

このごろは、どこでもおかげさまでよく売れます。でも、一時は場所によっては一日、それこそ二万円、三万円ということがありました。

それにファンにしてみれば、サインをしてもらえばやはり応援しますよね。サインしてもらわないよりは。

当日、僕があそこでサインをした、それで僕が試合に出て行くと、サインをしてもらった人たちは、僕を応援してくれる、という状態だと思います。

それが二十年以上積もってきた。はっきりは分かりませんが、それでこの年になっても、お客さんも応援してくれるのかな、と思います。

◆五千試合出場

平成五年四月二十日の福島市体育館での大会で、国内試合五千試合出場になりました。僕も五十五歳。デビューしたのが、昭和三十五年九月のことですから、リング人生三十二年七カ月で五千試合ということになります。

僕はもともと記録とかそんなものに関心がありません。「五千試合までできたのか」という、そんな気持ちもないんです。

一千試合出場になったのが昭和四十四年一月、東京・新宿区体育館でのことで、昭和五十五年四月、後楽園ホールの大会が三千試合出場だったのですが、この時も特にありませんでした。まあ、自分自身でよくこの年まで、こうやって無事にやってこられたな、ということは思いますが。

五千試合出場ということで、会場には「祝５０００試合」といったプラカードを持ってきてくれたファンもいました。「六十歳で、６０００試合達成も夢ではない」と書いたスポーツ紙もありました。

この時は、ラッシャー木村、百田光雄と組んで、泉田竜舞、永源遥、ディートン組と対戦。僕は16文キック、コブラツイストなどで攻め、百田が泉田をフォールして勝ちましたが、ここまでやってきた原因というのもよく分かりません。

ただ、こういう言い回しはあまりしたくはないですが、正直な話、やはりお金を「稼がなきゃ」というのが本音ではないか、事実ではないかと思いますよ。

皆さん方も、いま定年は六十歳ですが、六十歳になったらもう定年だから仕事をやめればいいじゃないか、仕事

五千試合のリングで16文キックが炸裂＝1993年4月、福島市体育館

五千試合を祝うケーキに笑みがこぼれる

のことなんか考えなくていいじゃないか、とだれでも思いますよね。でも働かないと食えなければ、働こうとするわけでしょう。

僕らだって、なんで今までこうやってきたかというと、働かなければいけないんだ、というのが一番の理由だと思いますよ。

そりゃあ、カッコいいことを言えば、「プロレスが好きですから」とか言いますよ。でも、だれもそんなきれいなこと言ったって、本音は、自分の生活を豊かにしようというハングリー精神だと僕は思います。それ以外にないと思います。

好きなことだって、毎日やっていればイヤになりますよ。

でも、われわれみたいに、二、三週間働いて三週間休みがあるというやりかただと、その三週間の休みが非常に楽しみになります。ちょうど皆さんが週末が楽しいと言われるのと同じことだと思いますが、われわれの場合はもっと山、川、起伏が大きいものだから、その休みがもっと楽しくなってくるんです。

その楽しい休みを取るために、一生懸命に働いているということでしょうか。

第二章　野球に熱中した少年時代

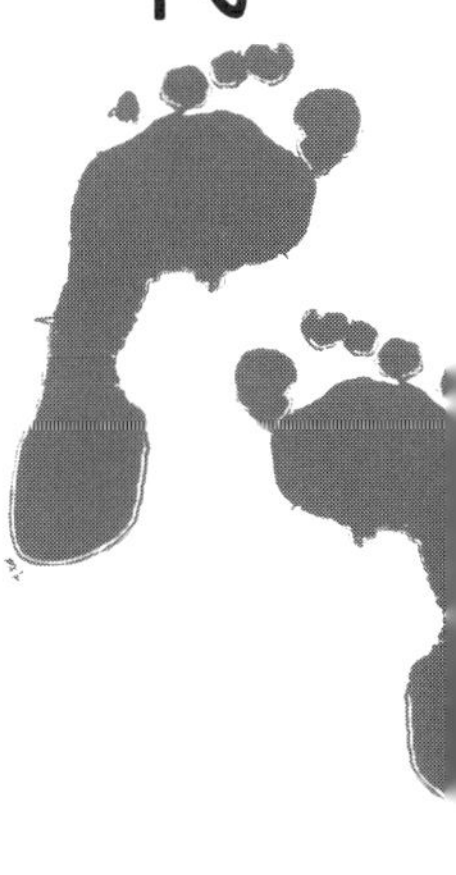

◆小学校時代

生まれは昭和十三年一月二十三日、新潟県三条市西四日市町です。家は町の中心から少し離れた所にあり、果物商の父・馬場一雄、母・ミツの間の二男・正平が僕でした。兄一人、姉二人で、家の青果商は今でも姉がやっています。

三条は「三条金物」で知られる燕市と並ぶ金物の町です。ノコギリ、カンナ、包丁、金づちといった大工道具なんかを作っていました。僕の家の両隣も、今はもうやっていませんが、鍛冶屋さんでした。

生まれた時は、未熟児というほどではなかったようですが、小さかったようです。終戦直前の昭和十九年四月に四日町国民学校（現在の小学校）に入学しましたが、記念写真では一番小さい生徒の場所に座っていますからね。

大きくなったのは、小学校四、五年のころから。ぐんぐん大きくなりました。僕は顔も知りませんが、おじいさんが大きかったとはよく言われます。でも、両親も大きかったわけでもなく、なぜ大きくなったかは分かりません。

三条市は、信濃川の支流である五十嵐川が町で二分されています。五十嵐川は町外れで信濃川と合流するのですが、僕の家はその合流点にあり、その辺りの河原が僕らの遊び場でした。

今はもう学校にもプールがありますから、川で泳いでいるところは見たことがありませんが、当時は川幅が十五メートルほどあって、水も澄んでいて、よく泳いだり、夏以外の時は釣りです。大きなコイやフナなんかが釣れて、ぶつ切りにして煮込んで食べたものです。

今でも五十嵐川で泳げるようですが、当時は橋の欄干から飛び込んだりしましたから、相当深かったんでしょう。中には、溺（おぼ）れたりする人もいましたからね。

小学校時代の成績は、図画と体操が「優」、後で採点方法が変わって「5」となりましたが、それ以外は「3」とか「2」とかが並んでいました。家で勉強なんかしたことはなかったのですが、まあ、「中の上」か「上の下」ぐらいだったというところでしょう。

図画は特に好きで、魚釣りをしながら、河原でよく田んぼや川の写生をしました。

新潟の夏は短く、冬は河原でたこ揚げをするのが日課だったのですが、そのたこの絵も自分で描いたものです。絵本を見て描いた、竜が玉をつかんでいる図柄のときは、「本職みたいだ」と言われたこともあります。

学校では、野球とドッジボールに熱中しました。担任の先生も図画とドッジボールの腕は認めてくれて、卒業間近な時に、「将来のために、何かひとつ特技を身につけなさい。例えば、馬場君がいないとドッジボールは勝てないんだ、というような」とみんなの前で話してくれたものです。

◆長岡空襲

戦争のことで記憶があるのは、小学校に入学してからの昭和二十年八月にあった「長岡大空襲」のことです。

終戦近い日の夜のことでした。三条から二十五キロぐらい離れた長岡市内は、この時の米軍B29の大編隊による空襲で焼け野原になってしまったのですが、その時の様子を家の二階に上がって、父たちと見ていたのです。

防空頭巾（ずきん）をかぶって、焼夷弾（しょういだん）がバラバラと落ちていくのが、子どもなので、怖いというより花火みたいに見えた、という記憶があります。

大人たちが「次は三条に来るんじゃないか」と言っていましたが、そのまま終戦になってしまいました。

終戦の玉音放送を聞いたという記憶はありません。ただ、近所の子どもたちが集まって、「負けたんじゃない？」と言っていたぐらいのことでしたね。

三条は、小さな田舎町でしたから、空襲がありませんでした。東京、大阪といった、都会から疎開してきた人たちがいました。

われわれ一家も、街の中にいると空襲の時には類焼しやすいからと、家から少し離れた田んぼの中に仮の小屋を建てて家財道具の半分を移し、警戒警報が鳴ると、そこに疎開して寝泊まりしたこともありました。

この戦争で、兵隊に行っていた兄が戦死しました。

昭和十八年二月、日本軍約二万人が亡くなった太平洋の激戦地の一つ、ガダルカナル島でです。それで「あなたのお兄さん、ガダルカナルで二月六日、これが遺骨です」と、戦死の公報と遺骨がきたわけです。

年が離れていたので、あまり兄の記憶はありません。ただ、兄が仙台の連隊にいたころ、休みで帰郷した時のことがかすかに記憶にあるぐらいです。

戦争中なので、灯火管制で茶の間の裸電球をこう、タオルかふろしきなんかで囲んで暗くしたその電灯の下で、二人の姉と一緒に座り、買って来てくれたお土産をもらったのを、ぼんやりと覚えています。

母は兄に大きな期待をかけていましたから、戦死の公報が届いてからしばらくたっても、それから十年たっても二十年たっても、「雪の降る夜、雪を踏む外の音を聞いたりすると、(兄が)帰って来たのかと思ってしまうんだよ」と言っていました。

終戦とともに、三条にも進駐軍がジープで入って来ました。もちろん、白人を見るのは初めてなので、「ほんとに青い目なんだ」と驚いたりしたものです。

◆リヤカー

小学校四年、五年ころから身長が伸びていき、五年生の時には、もう学校で一番大きくなっていたような気がします。

現在は身長二〇九センチ、体重一三五キロです。その時で、六尺(約一八二センチ)はいかなかったですが、一七五センチぐらいありましたかね。当時は大人でも今のように大きくなかったですから、そうとう大きかったようです。

ふだんから野球をやり、ドッジボールをやりで、よく体を使い、運動をしましたからね。

それと、家業を手伝いました。父の体があまり強くなかったので、母が姉と一緒に家業の青果商をきりもりしていたのですが、兄が戦死してしまったので、僕が小学生の時から手伝うようになったのです。

当時は、店に野菜などを並べて売るのではなく、周辺の町で開かれる朝市に店を出して売るのが商売でした。

三条が二と七の日、加茂が四と九、長岡が五と十の日、燕が三と八の日、というように、地域ごとに市の立つ日が決まっていました。そこへ、野菜や果物をリヤカーに積んで持って行って、天幕を張った店を出して売るのです。

三条市内の時は、歩いて引っ張っていきました。朝五時か六時ごろに起きて、リヤカーに野菜、果物をいっぱい積んで僕が引いていきました。

三里（約十二キロ）か四里（約十五・六キロ）は離れていた見附や加茂の朝市の時は、リヤカーを自転車につけて行きました。小学校五、六年生のことですから、随分体力の要った話だと思いますよ。当時は道路も舗装されていませんでしたしね。

長岡は三条から二十キロ以上離れていますが、その時でも荷物を置いて、それから家に飛んで帰り、学校へ行くのです。学校を休んだことは、一日もありませんでした。

今は冬でも、雪がものすごく積もるというようなこともあまりないようですが、僕らの子ども時分は、冬になると雪がよく降りました。雪が積もってしまって玄関が使えず、仕方がないので二階から出入りしたこともありますよ。

こんな時はソリです。朝五時、六時というとものすごく寒いし、滑る雪道をソリを引いて行くのは、これはキツかったですよ。

こんなことは、今の子どもにはようできんでしょう。当時でも、小学生がこれほど家を手伝うのは珍しかったようで、「馬場んとこの正平は、働きものの孝行息子だ」と言われたものです。

それでも、心の中では、リヤカーを引くのがいやでいやでたまらず、サボりたいと思っていました。結局は、高校を中退してプロ野球の巨人軍にはいるまで約七年間、続けました。

その代わりに、家で売っていた甘納豆なんかの駄菓子をよくつまみ食いしては、母に注意されたりしたものです。

ガキ大将

小学校では、クラスの生徒数が確か五十四人、男女半々だったということを覚えています。家業を手伝って、小学校五年の時から重いリヤカーを引いていたので、「孝行息子」と言われていましたが、その一方では「乱暴者」とか言われたものです。なにしろ、「ガキ大将」だったですからね。

「ガキ大将」といっても、クラスの女の子や弱い子をいじめたりする、今のような陰湿ないじめっ子とは違います。青大将というヘビを捕って振り回したり、人が怖がるようなこともよくやりました。

体が大きかったし、スポーツ万能だったので、ケンカがあると仲裁に引っ張り出されることがよくありましたが、僕が駆けつけると大体はケンカが収まったものです。でも、自分からケンカを買ったり、売ったりしたことはありません。

むちゃなことも結構しました。

冬はげたにエッジをつけて、凍った田んぼや小川などで滑ったものですが、走っているトラックの荷台の後ろにつかまって、スピードとスリルを楽しむこともよくやりました。

ある時、小学校五年生の冬のことだったですが、走って来たトラックにつかまって滑っていて、「この辺りでやめよう」と手を離したところ、そのまま冬の五十嵐川にドブンと飛び込んでしまったのです。

今なら、水も少なく浅い川底の石に頭をぶつけて死んでいたかもしれません。当時は三メートルぐらいの深さはあったし、河原でなく水の中だったので、命拾いしたのです。真冬の川の水はそれは冷たかったですが、ツイていました。

こんな思い出もあります。

三条は市内で信越本線と弥彦線が交わっているのですが、何人かの仲間と山に行った帰りに、この当時の国鉄の線路で遊んでいました。

度胸試しとでもいうのでしょうか、線路に列車が近づくまで寝ているというような遊びでした。列車妨害なんかするつもりはなかったのですが、「おれは死刑になったぁ！」なんて言って、線路の真ん中で両手を広げ、汽車にひかれるポーズをしたんです。

冗談の遊びのつもりだったんですが、列車がほんとに止まってしまいました。びっくりしてみんなで家に逃げ帰ったら、次の日、警察からの呼び出しです。母と行くと「列車妨害を防いだ少年だ」とほめられたのです。

その時、偶然にその後ろにいた友達が線路の上に石を並べていた。それを、僕が列車の運転士に知らせようと思って大手を広げたと思ったんですね。それで警察に連絡したのです。

体が並外れて大きかったので、すぐ分かったらしいのです。半分はほめられ、半分はしかられたこの事件には、今でも複雑な思いです。

◆野球少年

小学校時代から野球に熱中しました。

終戦後、プロ野球が復活したのが、昭和二十年十一月のことです。一リーグ制でしたが、二十一年四月には、八球団によるペナントレースも始まりました。まだ物資が不足していた時代でした。それでも、赤バットの川上哲治、青バットの大下弘がホームランを打ち、競っていた時代です。

それに、別当薫、藤村富美男、木塚忠助、土井恒武、小鶴誠選手、荒巻淳、藤本英雄投手らの活躍に、当時の少年たちはみんなプロ野球にあこがれたものです。

五十嵐川で泳いだりする合間に、近所の神社でよく野球をしました。

野球といっても、本格的なものではありませんでした。「三角ベース」という、ピッチャーの後ろを一塁から三塁へ直接走る、二塁のない変則の野球で、布製のボールをただの棒切れで打っていました。

僕はピッチャーで四番です。何しろ、「ガキ大将」でしたからね。

昭和二十五年には、プロ野球は今と同じ二リーグ制になるのですが、前の年に町に少年野球団「若鮎クラブ」ができました。僕はエースでした。

小さい時から巨人軍のファンでしたから、「少年ジャイアンツの会」に入ったのもこのころのことです。はっきり覚えてはいませんが、なにか「全国少年ジャイアンツの会」というのがあって、それに出席するために新潟支部の会員と上京したといった記憶があります。

上野駅周辺はまだ空襲の焼け跡が残っていて、みんなで東京名所を見て回ったようです。

巨人の試合を見たわけでもなく、僕が覚えているのは、主催の読売新聞社の本社に行って、トイレに行ったところ、そのころ巨人の三番を打っていた青田昇さんがいた、というただそれだけです。

当時の青田さんは、全盛期の王、長嶋クラスでした。でも、感激したのかどうかもよく覚えていません。

初めてプロ野球を見たのも同じころでした。

新潟に巨人が遠征して来たので、母から小遣いをもらって、クラブの仲間と汽車に乗って白山球場というところまで見に行ったのです。

この時の記憶は、当時の巨人で二塁で二番を打っていた千葉茂さんのことしかありません。巨人の四番はずっと川上さんでした。その時に、巨人の白いユニホームを着たいと思ったようです。

学校では、五年の時に野球とドッジボールの校内クラス対抗で、六年生を破って優勝したこともあります。

担任の女の先生が負けず嫌いの先生だったので、「負けたら大変」と必死になってやったのも、強かった原因のようです。

◆相撲からの誘い

相撲も強かったですよ。

近所に神社があって、そこで祭りとかがあると、必ず相撲大会というのがありました。それで小学生の部というのか、子どもの部とかの勝ち抜き戦に出場して、あまり負けないものだから、「もうお前、やめろ」といわれたこともあります。

でも、相撲をやる気はなかったですね。

それでも、体が大きくて強いということが知られていたようで、後に三条実業高校の機械科に入ってからのことですが、相撲界からかなりしつこく誘われたことがありました。

隣の町から横綱になった吉葉山（先代・宮城野親方）の弟子が出ていて、その親類かなにかの人に、追い回されました。その人が学校の門の前に待っていたこともあって、仕方なく裏門から逃げたこともあります。

まだ、栃錦─若乃花の「栃若時代」にはなっていなかったのですが、関脇から大関になったころの栃錦（先代・春日野親方）が、新潟に巡業にきた時に、家まできたこともありました。

僕は会わないで逃げていましたが、この時は、母が「息子は相撲取りとボクサーにはさせない」と断ったそうです。

そのころはまだレスリングなんて知りませんでしたからね。力道山が初めてプロレスの試合をしたのが、昭和二十六年十月。そして、シャープ兄弟と力道山―木村政彦組のタッグマッチが、プロレスブームに火をつけたのが二十九年のことですから。

母も相撲は嫌いでしたが、僕自身が相撲は嫌いでした。というのも、体がぶくぶく太ること自体が、もう嫌だったんです。

それに、当時は相撲取りになるということは、まだまだ大めし食いの口減らしのためということで、大めし食いは相撲にでも行ってしまえ、という感じがありましたよね。なにしろ、言うことを聞かなきゃ、「サーカスに売るぞ」と親が言うような、そんな時代でしたからね。

昭和二十五年春、三条第一中学校に入学しました。この時も、相撲が強いことが知れ渡っていましたが、勝ち抜き戦にも出ませんでした。

野球に熱中、中越地区大会で優勝した中学時代（中央）

その代わり、野球に熱中、ファーストを守り、チームは中越地区大会で優勝したこともあります。

雪が降り出すと、野球の練習もできませんから、今度は室内でのバスケットボールと卓球でした。バスケットは背が大きいから、ポイントゲッターでした。

卓球では、中学に卓球部がなかったので、友達何人かとチームをつくり、学校に無断で中越地区大会に出場、優勝したこともありました。この時は、学校ではしかられず、優勝したということでほめられたことを覚えています。

◆モルモン教に入信

モルモン教に入信したのが、中学三年のころでした。

当時、ちゃんとした教会という建物があったわけでもなく、町の外れに、外国人の牧師さんが二人、人の家を借りて集会をしたりしていたんですが、そこでその牧師さんを世話する日本人の女性がいました。

その人が僕の家の近くに住んでいて、そこに野菜を配達に行ったのが教会のことを知るきっかけでした。

当時の僕の悩みは靴でした。中学になったそのころ既に13文（約三一・二センチ）と、大人以上の大きさがあったので、三条の町では僕の足に合う靴が手に入らなかったのです。そのころもちろん長靴はあったのですが、三条辺りでは冬の雪の中でも、げたを履いていた人が多かった時代です。僕は靴がないから、いつも裸足かげたでした。それを見ていて、牧師さんが同情したのでしょう、ある時、僕に長靴のような大きなゴム靴をくれたのです。アメリカには靴を履いたまんま、スポッとその上から履くオーバーシューズがあるんですが、それだったのです。僕は大体履ける靴なんかないんで、これがちょうど普通の靴と同じ大きさになって、ぴったりだったのです。

その靴がただ一つ、雪の降る日に学校へ履いていけるものになったのです。雪の中を歩くにはこんなにいい物はありませんでしたね。

それで教会へ行ったりしているうちに、入信を決心しました。

洗礼はクリスマスの時でした。雪の降る日だったことを覚えていますが、夏にはよく泳いだ五十嵐川につかって洗礼を受けました。

モルモン教は厳しい戒律があるといわれますが、僕がその時に言われたのは、コーヒーとたばこはいけないということでした。それ以来、巨人軍に入団するまでお茶断ちをしていました。

でも、カフェインのあるものはいけないということなんですが、日本茶だってカフェインはありますからね。まあ、これまで酒もコーヒーもたばこものんできましたし、教会にもいかなければいけないんでしょうが、何もしていません。

中学の時の出来事としては、先生に殴られたことがあります。いまだになんで殴られたか分からないんですよ。

自分としては、悪いことをしたような記憶がないんです。だから悔しかったですね。今でもその先生の顔は会えば分かると思いますが、あいさつをする気はありません。

当時、相撲が強かったし、ガキ大将でもあったので、僕にケンカを売るような物好きもいませんでした。でも、僕はそれからもケンカを売ったり買ったりしたことはありませんし、人を殴ったこともありません。

◆高校進学、美術部へ

高校は三条実業高校へ進みました。昭和二十八年のことです。

どうしても野球をやりたかった。それで、市内の会社に就職しようと思ったのですが、たまたま東京の会社の就職試験を受けたところ、母が反対して、「高校へ行きなさい」と言うので、受験したのです。

高校へ行けば硬式野球ができると思い、受験しましたが、受けたのは機械科です。青果商の息子なら商業科を受けるのが普通ですね。それを機械科にしたのは、機械科の倍率が低かったからなんですが、いざ締め切りになってみると、機械科の方が倍率が高くなっていたんです。それでも一夜漬けの受験勉強でなんとか入学することができました。入学すると、硬式野球部からもバスケットボール部からも熱心な勧誘がありました。でも、どちらにも入らず、好きだった絵をやろうと美術部に入ったのです。

というのも、僕の足に合うスパイクなんかなかったし、履けるバスケットのシューズも売ってなかったからです。

そりゃあ、野球をやりたかったですよ。でも、靴がないから野球ができないとも言えないので、仕方なく、「もうスポーツはやめて、絵に専念する」と言ったものです。

これで小学校時代から持ち続けていた、プロ野球選手になるという夢を断念するしかありませんでした。

美術部では油絵の基礎知識を教わり、部室に閉じこもって絵を描いていました。しかし、グラウンドで野球部のバッティング練習をしているコーンコーンという音が聞こえてくると、ああ、野球をやりたいと思ったものです。

高校一年の時には、六尺三寸（約一九〇センチ）ぐらいあって、相撲界から誘われたのも

優勝候補にも挙げられた三条実業高校野球部時代（後列左から3人目）

このころのことですが、相撲は嫌いで本当にやりたいのは球技でした。

このままならプロ野球選手になるのは夢と終わったのでしょうね。ところが、二年の春、僕をどうしても野球部にほしかった野球部の先生が、靴屋に特注、スパイクを作ってくれたんです。

一年間のブランクがありましたが、それでも中学時代には中越地区で優勝していたので、エースで四番でした。三条実業高校の野球部はそれほど強くはなかったのですが、僕が投げ始めてから練習試合では、負けなしでした。

当時から僕はオーバースローでした。確か風の強い日だったと覚えていますが、一試合で17奪三振ということがありましたよ。

それまでの全国中等学校優勝野球大会が、学制改革で全国高校野球選手権大会になったのが、昭和二十三年のことで、われわれも夏の甲子園出場を目標に、毎日暗くなるまで練習しました。

◆地方予選でサヨナラ負け

高校二年の春から、三条実業高校野球部で甲子園を目標に猛練習に明け暮れる毎日でした。エースで四番だったから、ワンマンチームだったかもしれませんなあ。

練習試合で勝ちっ放しだったので、三条実業高校は、夏の高校野球大会の中越地区の予選が始まる前、新聞の新潟版に、「巨漢馬場投手を擁する三条実業高校」と紹介され、優勝候補の一つに挙げられていましたよ。

大会が始まると、一回戦の相手は長岡工業高校で、練習試合では勝った相手でした。この試合については忘れられず、今でもよく覚えていますよ。

互いに点が取れず、ゼロ対ゼロのまま九回裏まできました。この回を抑えれば延長戦です。簡単にツーアウトを取ったんですが、三塁打を打たれ、二死ランナー三塁となりました。

次のバッターにも速球を投げると、打球はやや詰まった平凡なセカンドゴロになったんですね。それをセカンドが捕って、硬くなっていたからでしょう、少しファンブルしたんですが、とにかく一塁にほうったんです。

走って来たバッターはまだ一塁の二メートルも手前にいました。当然アウトだと思いましたよ。さあ、延長戦だ、とね。

ところが一塁塁審の両手が広がってセーフ。三塁ランナーはツーアウトだから、もちろん本塁を駆け抜けていて、そのままサヨナラ負けです。

そりゃないだろう、とみんなで審判に抗議しましたよ。でも校長先生が「高校生は抗議をしちゃいかん」と言うんですね。それで負けになりました。

まだ、地方の予選の予選といったような一回戦ですから、アンパイアもちゃんとしたのが来ているわけじゃない。正規のアンパイアは主審ぐらいなもので、このセーフとした時の一塁塁審も相手の学校の先輩がやっていましたから、判定を間違えたのではなく、意図的だったと思いますよ。

もっとも、この時に勝ったとしても、甲子園は無理だったでしょう。というのは、当時は一県で一校が代表というのではなく、この中越地区に勝って県大会に出て県代表になり、それからさらに甲信越地区大会に出て、そこで優勝しなければならなかったんです。

この年、昭和二十九年夏に、甲信越地区での優勝候補に挙げられていたのが松商学園で、甲子園に出場しました。松商学園は、二回戦で優勝した中京商業に負けるのですが、この年の春の甲子園で優勝したのが甲信越地区から出た、初出場の長野県の飯田長姫高校でした。

第三章　巨人軍入団と挫折

◆プロ野球巨人軍へ

サヨナラ負けをして甲子園は夢と消えましたが、すぐ来年を目指して二年生中心で練習を始めました。

そんな時に、バッテリーを組んでいたキャッチャーが「プロ野球のテストを受けないか」と誘ってきたのです。

当時、プロ野球は二リーグ制度になっていました。この昭和二十九年はセントラル・リーグがフォークボールの杉下茂投手を擁する中日、パシフィック・リーグが三原脩監督の西鉄が優勝したのですが、パ・リーグの「高橋ユニオンズ」から名前が変わった「トンボ・ユニオンズ」に願書を送ったのです。

結局、ここは受けませんでした。というのは、ちょうど十月末ごろだったと思いますが、巨人のスカウトがわざわざ勧誘に来られたからです。

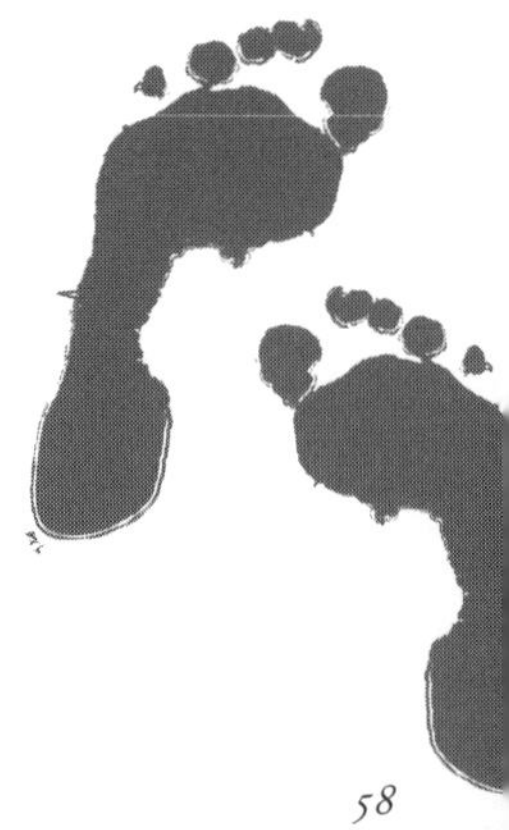

家ではなく学校の方に来られたのですが、巨人というと、野球選手そのものがもうあこがれだったなかでも、すごいものでしたよ。

子どもの時に雑貨屋にあめを買いに行くと、クジが当たりますね。一等が「赤バットの川上」の写真、ブロマイドとかが当たったもんです。

大体が相撲取りのブロマイドとか、プロ野球選手のブロマイドでしたが、巨人の川上哲治選手が一番人気がありました。

それから巨人の別所毅彦投手、藤本英雄投手、それに阪神の藤村富美男選手、阪神からパ・リーグの毎日に移った土井垣武捕手、といった人たちのブロマイドが人気でしたね。

巨人軍は二十九年は優勝をのがしましたが、二十六、二十七、二十八年と日本一になっていましたから、あこがれの的でした。その巨人軍からの入団勧誘ですからね、こんなうれしいことはない。もう、夢みたいな話でしたよ。

新潟は雪国ですから、野球もそんなに盛んではなかったと思います。今なら室内練習場もありますが、当時は冬は練習できませんでしたからね。それで、プロ野球に入るのは僕が新潟では初めてでした。

スカウトは夏の甲子園大会の予選前に出た、「優勝候補の三条実業高校の巨漢選手」という新聞の予想記事を見て、来たんだと思います。

入団が決まると新聞に出て、「新潟のプロ野球選手第一号」ということで、リヤカーを引いていると、声をかけられたもんです。

支度金が二十万円、初任給一万二千円という契約でした。今なら一億円も珍しくなくなったですが、当時の二十万円は見たこともない大金でした。たばこのピースが四十五円、てんどん百五十円、公務員の初任給が約九千円といった時代なんですから。

当時、僕は十六歳です。スカウトの人から「球界最年少だ」と言われました。背番号も「59」と決まりました。

◆キャンプ

巨人軍への入団が決まり、いよいよあこがれのプロ野球・巨人軍の選手ということになりました。

まだ二年生だったので、高校をやめなければならなかったのですが、母が「好きなようにしなさい」と賛成してくれたので、三条実業高校は中退することにしました。

入団前に、一度ヘルニアの手術をしに、母と東京へ出たことがありました。小さいころに三条で手術をしたことがあって、別に野球をやるのにどうということはなかったんですが、入団してから再発しては、ということだったのです。

母は、社会人になるのだから着る物がなければ、と入団前の二十万円の支度金で、今で言う冬に着るコート、当時のオーバーコートを作り上着を作ってくれて、それで巨人軍に入る準備したんです。

確かに当時としては僕の支度金の二十万円は大金だったのですが、この時に巨人軍に入団したほかの有力選手は、百万円とか三百万円の支度金、というか、契約金をもらっていたと思いますよ。

上京したのは、明けて昭和三十年の一月十八日のことだったと記憶してます。詰め襟の学生服に、買ってもらったばかりのオーバーを着て、ボストンバッグを提げて、一人でだったと覚えていますね。

そして、すぐ宮崎県串間に向かいました。当時の巨人軍は、本格的なキャンプに入る前の基礎的なキャンプを宮崎県の南、鹿児島県境に近い所にある串間でやっていたのです。

一緒に入団したのは、十八人でした。大学や高校でバリバリ活躍した、そうそうたるメンバーでしたよ。

ハワイから来てすぐクリーンアップを打ち、「エンディ宮本」と親しまれた宮本敏雄、投手として入団、外野手に転向して巨人九連覇の時のメンバーとなった好打者・国松彰、それに現在の西武ライオンズ監督の森祇晶、昭和三十二年には十七勝をあげ、藤田元司投手とともに優勝に貢献した木戸美摸（よしのり）投手、後で近鉄に移籍した十時啓視外野手……といました。

当時の巨人軍の投手陣も豪華でしたね。

この年、ベストナインになったのが防御率トップの剛球・別所毅彦。それに、30勝をあげ最多勝利に輝いた大友工、ノーヒットノーランを記録している中尾碩志投手を加え、「三本柱」と言われていました。

これに若い安原達佳、ベテランの藤本（中上）英雄投手という、そうそうたる顔触れでしたが、僕も、いずれはエースになってやる、という気持ちでした。

プロ野球の練習は田舎の高校とは違って厳しく、ただひたすら走らされました。体が大きいのは足腰が弱い、と思われたらしい。こちらはリヤカー引きで足腰には自信があり、走るのは平気だったんですけどね。

◆明石キャンプ

当時の巨人軍はシーズン前に、宮崎・串間での基礎的キャンプを終わると、本格的キャンプを、瀬戸内海に面した城下町の兵庫・明石で張りました。

あこがれの巨人軍の白いユニホームを着て、足に合ったスパイクをはいての練習は、きついというより楽しいという感じでした。

しかし、心の中で「いずれはエースに」とは思ってはいても、川上さんをはじめ、別所、藤本、千葉というそうそうたる選手、それにエンディ宮本は別格としても、森、国松といった大学や高校でならした新人選手の中では、さすがに僕も気後れしていたようです。

ということは、他の新人選手は一番若い高校卒でも三年生で卒業です。それに比べると、僕はなにしろ二年生の途中からですよね。そこで年がもう一つ違うわけです。

おそらくプロ野球の選手で、十七歳でプロ野球に入ったというのは、史上一番若かったのではないでしょうか。まあ、学制の改革で旧制中学が高校になる前は、プロ野球にいくつで入ったのかは分かりませんが、多分、新制の高校ができてからは、僕がプロ野球入りした中で一番若いんじゃないかと思います。

ただ、やはり、体の骨組みとか筋肉というものは、十七歳と十八歳とでは違います。十七歳というのは子どもの筋肉なんですよね。

今レスラーとしてやっていて、僕の所に中学を出てから入門して来る子がいます。しかし、中学を出て来る子と高等学校を卒業して来る子どもとは、体に雲泥の差があります。

また、高校を出た子と大学から来た子というのも、これまた、体には全くの差があるのです。

今思うと、僕は十七歳で入って、ほかのみんなと同じように鍛えられたということに、無理があったという気がします。筋肉とか骨とかにね。それが後で投手として自分のひじを悪くしてしまった原因になったのではないか、とそんなふうに今、思いますよ。

当時の高校の野球は野球部といっても、今のようにちゃんとした指導者がついているわけではなくて、先輩が来てちょこちょこ、っていう感じの練習だったですからね。

明石のキャンプの話ですが、最近、ＪＲ明石駅に近い所にあった銭湯が店を閉めた時に、そのふろ屋の人が「昔、ジャイアント馬場が巨人軍の新人時代に、キャンプの時ここに入りに来た。体を小さくして入っていた」というようなことを言ったという話が新聞に出ていたそうです。

その銭湯のことは記憶にはありませんが、当時は川上さんとか偉い人がいっぱいいましたから、キャンプの旅館のふろには、新人は待っていなければなかなか入れなかったので、銭湯に行ったのかもしれません。

◆多摩川時代

妻の元子と知り合ったのは、この昭和三十年の最初の明石のキャンプなんです。

元子の父の伊藤悌(やすし)は地元の巨人軍のよき理解者で、なにかと巨人軍の世話をされていた人なんですね。

選手はキャンプ中には伊藤邸を訪れ、ごちそうになったりしたものです。僕も先輩に連れられてごちそうになりに行ったところ、玄関に大きなスリッパがありました。

当時、中学三年生、十五歳の元子が用意してくれたそうで、その特大スリッパをキャンプが終わってから多摩川の二軍の合宿所に持って帰り、その後までずっと履きました。このスリッパのお礼の手紙を書いて、返事が来て、それで文通が始まったんです。

照れ臭いから二軍の話に戻しますが、この昭和三十年、巨人軍は優勝です。パシフィックは24勝をあげた宅和本司投手のいた南海。日本シリーズは、別所投手が活躍して巨人が南海に4勝3敗で勝ちました。

われわれは、多摩川で練習でしたが、後楽園球場で試合があると、バッティングピッチャーとして駆り出されたこともありました。

当時の給料は確か一万二千円ぐらい。毎月税金とか合宿費とかを引かれると、手元に残るのは月に一万円ぐらいなので、社会人になったからと、確か四万五千円の背広を買ったのですが、すぐ払えなくて月賦にしてもらったと思います。

一万円ぐらいの収入の中から月賦を払っているのでは、小遣いはいくらもなかったですね。休みの時に、合宿所のある東横線の新丸子駅から渋谷に出て、映画を見るくらいでした。

酒もたばこも、コーヒーもやらなかったので、門限破りもしなかったのですが、好きなアンミツだけはソバ屋でつけにしてもらってよく食べました。

多摩川で練習しながら、土手の上を走る外車を見て、よく「あれはなんだ」「あれはダッジだ」「これはキャデラックだ」なんて言ってましたね。一緒にやっていた国松彰さんなんかよく知っていて、あの人とそんなことをよく話してましたね。

早く一軍に上がって乗用車に乗ることが、僕ら二軍選手の夢でしたが、その外車の走る多摩川の土手を毎日走っていました。

そのころ僕が覚えた遊びと言えば、当時プロ野球の選手がよくしていたマージャンくらいでしょう。昼間は練習して、夜は自由時間があったので、マージャンをしたり、時間のある時は、することがありませんから、本を読んだりしましたね。柴田錬三郎、山手樹一郎、というこの二人の本は全部読んでしまいました。

合宿の食事もドンブリ飯のお代わりをし、満足していましたが、この年は一軍に上がれませんでした。

◆二軍生活

二軍の一年目は練習に明け暮れているうちに過ぎてしまいましたが、二年目の昭和三十一年には二軍戦で登板、12勝1敗で最優秀投手です。コントロールもスピードもつき、三十二年には13勝（2敗）をあげて、またも最優秀投手になりました。二年連続です。

三十四年にも10連勝して、三度目の最優秀投手です。新聞に「二階から投げ下ろすような」と書かれた投球は、スピードも140キロはあったと思いますよ。

それでも、同じ年に入団した新人の中で真っ先に一軍にあがったのは、今、西武ライオンズの監督をしている捕手の森祇晶、投手では木戸美摸（よしのり）、添島時人でした。

こちらはなかなか一軍入りができない。ですからね、オレの方がこんなに成績がいいのに、なんでオレを飛び越していくんだろう、と思ったり、オレはなぜ一軍に入れてもらえないんだろう、という気持ちは持ってましたですね。

こんなこともありました。

シーズンオフに帰郷する時に、二軍の合宿組が「監督、コーチや先輩たちへのおみやげの贈り物はやめる」という申し合わせをしたんです。僕は約束を守ったんですが、ちゃんと贈っていたのがいたんですね。僕は田舎の高校を中退してきたばかりで何も分からなかった。今でもそうなんですが、処世術が苦手でごますりも嫌いです。これには腹も立ったですよ。

まあ、しかし、僕の場合は、巨人軍に新潟出身の先輩がいなかったというのが、一番の原因だったと思いますね。

あのころ、巨人軍のチームの中心で四番バッター、それに助監督だった川上さんは熊本工業出身でしょう。当時の捕手で後に一、二軍のコーチや寮長をやった武宮敏明さんも熊本工業出身、というように、川上さんの下でああなってこうなってこうなって、というのがあったわけですよね。

まあ、それは一軍に行けなかったやつ、しょっちゅう使ってもらえなかったやつのひがみかもしれんですよ。

でも、新潟出身のプロ野球選手と言えば、僕のずっと後でも、長岡の中越商業（現中越高校）から阪急に行った今井雄太郎投手や糸魚川商工出身で巨人―大洋の関本四十四投手とか、数えるほどしかいない。

それに比べると、関西出身が圧倒的。それに、中国、四国、九州です。先輩としては、後輩が入団してくればやっぱり気になったり、気持ちも違ったりするわけでしょう。

まあ、それに体が大きく、モーションも大きかったので、球もそう速く見えなかったり、二軍のコーチが「大男は足腰が弱い」というような先入観を持ったこともあるんでしょうね。

一軍初登板

待望の一軍の公式戦初登板は、昭和三十二年のことでした。

この年、巨人軍は優勝はしたんですが、日本シリーズでは、鉄腕・稲尾和久投手の大活躍で西鉄ライオンズに四敗一分けと、一勝もできずに負けた年です。

僕の登板は、ペナントレースで二位に終わった阪神（当時は大阪）タイガースとの対戦で、場所は甲子園球場、試合は負けていて、八回裏からのいわゆる敗戦処理でした。

当時の巨人軍の監督は水原円裕さんでしたが、阪神の監督が藤村富美男さん。藤村さんは阪神のエースとして活躍した後、肩を壊してバッターに転向、「物干し竿（ざお）」といわれた長いバットを振り回し、阪神の四番打者として鳴らした人ですよ。

阪神の攻撃は「牛若丸」と呼ばれた名遊撃手で後の阪神の監督をやった吉田義男さんから。名の通り、小さな体で盗塁王を二度とった人ですが、この年は打率2割9分7厘でセ・リーグの打撃三位。球界一の大男と、球界一の小粒選手との対決という水原さんの演出だったかもしれんですね。僕がベンチから出てマウンドに歩いて行くと、阪神の藤村さんが一塁側から三塁コーチボックスに歩いて行くのとすれちがったんですね。その時、藤村さんからドスの利いた声でこう言われたんです。

一軍公式戦初登板、対阪神戦で力投する

「おい、ストライク入るかい？」

あがっていたつもりはないんですが、ドキッとしました。マウンドに行くと、そのころもう一軍でやっていた森捕手が第一球のサインを出し、見たらカーブのサインなんですよ。カーブのコントロールには自信がないもんですからね。こちらは。

藤村さんには「ストライク入るか」と言われているし、「困ったなあー」と思いましたよ。僕はもうデビュー戦で、公式戦初登板ですし、森はそれまで一軍でやっているわけだから、森の出したサインが嫌でも、首を振る立場じゃないわけですよ。それで思い切って、エーイ、と直球を投げてしまったんです。ストライクでしたが、森がキャッチャーマスクを取ってあわててマウンドにすっ飛んで来ました。僕があがってしまっているんだと思ったんでしょう。

「オイ、馬場、サインが見えるか」って言うんです。

でも、そういう時でも、随分落ち着いていたなあ、と思いますよ。自分では。

結局、この時は、トップの吉田さんをショートゴロ、次を確かセカンドフライ、そしてショートライナーに打ち取って、三者凡退で終わりました。これが僕の公式戦初登板です。

森とは、その後も時々顔を合わせます。でも、野球の話はしません。この間も会いましたが、日本シリーズとか野球の話はしませんでしたよ。

◆公式戦初先発

この昭和三十二年の一軍公式戦に初登板した年に、僕にとってもう一つ、プロ野球生活での最高の思い出ができたんです。

シーズン終了に近い、十月二十三日の対中日戦に初めて先発しました。場所は後楽園球場。しかも、相手というのがエースでフォークボールで鳴らした杉下茂投手なんですね。それも、杉下投手の２００勝がかかった試合だったんです。

杉下投手は復員してきて明大時代に一塁手からピッチャーに転向した人ですが、フォークボールを駆使して、昭和二十九年には32勝で最多勝、中日のリーグ優勝、西鉄を破っての日本一に貢献した大投手ですよ。

僕は初回にヒットを連打され、一点をとられました。そのまま、僕も五回まで無得点に抑えたんですが、結局、巨人は杉下さんに完封されてしまいます。

僕は五回裏の打席に代打が出されて、この試合の敗戦投手になってしまいました。

杉下さんは他のバッターにはフォークボールを投げていましたが、僕が交代の前にバッターボックスに立った時は、カーブと直球だけでした。それでも手も足も出なかったですね。全然。

当時のピッチャーはよく打ったもんです。僕もバッティングは好きで、入団したころは、バッティング練習では、藤村富美男さんの「物干し竿」と同じぐらい長いバットを振り回したりしたもんでしたね。

でも、いざバッターボックスに立ってみると、とてもそんなもんじゃなくて、同じピッチャーで、ああ、こういう球を投げられるものか、とバッターボックスで思ってました。

それで、杉下という人の貫禄というか、そんなものにもう全く押されっぱなしで、自分がバッターボックスに立ってみて、大投手の魅力というようなものを、つくづく感じましたね。

それはまあ、プロレスでも同じだと思います。格の違う選手と対戦すると、やはり圧倒されてしまうということがありますよ。

僕にとっては、この試合で負けはしたんですが、プロ野球の歴史に「杉下投手が200勝を達成した時の敗戦投手は巨人軍の馬場正平」ということで残るわけで、一生の思い出になりました。

この年の日本シリーズは、巨人軍は西鉄ライオンズと戦って完敗してしまい、西鉄の三原監督がエース稲尾和久投手のことを「神様、仏様、稲尾様」と呼んだのは、この時のことですよ。

このころから、シーズンオフになって視力が落ちていくのが分かりました。五メートル先も見えなくなったんです。あわてて病院に行きました。そうしたら「脳下垂体が視神経を圧迫しているので、手術をしなければ目は見えなくなる。手術しても、完全に治る可能性は一％ぐらい」

というんですよ。絶望しましたね。

◆手術

「手術をしなければ目が見えなくなる」と言われて、東大病院に飛び込んだんです。紹介もなにもなしにです。野球ができなくなるのなら死んだ方がましだ、と思ってましたから、手術に賭(か)けたんですよ。

十九歳の時です。川崎の新丸子にあった二軍の寮に帰り、死んだらそのまま、三条に送り返してくれるように、自分で荷造りをしました。

この話はだれにしても信用しませんが、この時の手術というのは、頭がい骨を開けて削ったりしたのに、一週間で退院したんですね。

忘れもしないですよ。十二月二十三日のことでした。手術台に寝かせられて、両手両足を縛られて全身麻酔で、のどに注射を打たれるんです。

それから、今ならそんなやり方ではないんでしょうし、あんな機械もないんでしょうけど、頭に電気をかけるかなにかをしたんですね。頭がバーンとして、本当に殺されると思いましたよ。

レスラーは試合中に頭を打って、時々、「ここはどこですか?」というようなことになるんですね。昔は、今みたいにスキャナーとかなんとかいう機械はありませんから、そうなったレスラーを医者に連れてって頭の検査する時は、同じようなやり方をしたんですね。

初めは知らないからやってるんですが、一度頭にガーンという検査を経験すると、みんな「それだけは死んでも嫌だ」と言ったもんですよ。

それで手術を終わって麻酔からさめた時のことはまた忘れられませんが、二十八日には「ハイ、糸を抜きますよ」というわけです。抜いてもらったら「ハイ、馬場さん、退院していいですよ」と言うんですね。

それが三十一日のことです。退院して、寮に帰ると、その日のうちに自転車を借りて、リヤカーに荷物を積んで隣の東横線の武蔵小杉という駅まで運んで行って、鉄道便で田舎へ送りましたよ。

それで頭に包帯を巻いたまま、上野駅から汽車に乗って、三条に帰りました。正月は三条で過ごしたんですが、十日ごろだったでしょうか、今も跡が残っていますが、頭の傷から血が出てきたんですね。それでまた、東京に来て、東大病院に行って診てもらったんですよ。

そうしたら、先生が「ああ、馬場さん、血が出てよかったですね」と言うんです。出ないと内出血になって困ったことになった、ほんとに出てよかったねえって。

二十日から春のキャンプです。ちゃんと参加しましたよ。手術で眉毛（まゆげ）をそったからサングラスをかけ、包帯を巻いたままなので、「正ちゃん帽」という毛糸の帽子をかぶってましたけどね。全くみんなと変わらないキャンプをしましたからね。選手、コーチも「お前、手術したんだって？」って、そんな程度でした。そんなバカなと言われても、これは本当ですよ。

◆クビ通告

頭の手術の費用は、球団が出してくれたんですが、昭和三十三年のキャンプは包帯を巻いたまま、全くみんなと同じようにやりましたよ。年末に退院して、田舎へ帰ってから二十日しかたってませんでしたけどね。

その前の年には、阪神戦、そして杉下投手と投げあった中日戦のほかもう一試合に出て、一軍の公式戦には三試合登板したわけですよ。

公式記録では、この年の成績は0勝1敗、通算7イニング、奪三振3、自責点1、防御率1・29です。結局、これが僕のプロ野球での一軍全成績ということになるのですが、二軍では二年連続の最優秀投手だったので、頭の手術はしたけれど、当然、この年は一軍でやれるだろうと思ってました。

この年には、大学野球のスターで、東京六大学野球のホームラン記録を塗り替えた長嶋茂雄三塁手が入団してきて、キャンプは活気づいていました。

それに、長嶋選手と一緒に活躍した杉浦忠投手は南海、早稲田大学のホームランバッター・森徹選手が中日に入り、プロ野球人気も最高に盛り上がってましたね。

シーズンが始まると、開幕戦の後楽園球場では、長嶋選手と国鉄のエース金田正一投手の対決が話題を呼んで、長嶋選手が金田投手にあの有名な4打席4三振を食った年だったんです。

しかし、僕はシーズン入り直前にまた二軍行きを言われました。

体の方もおかしくなっていたんです。杉下投手との投げ合いの辺りから、全力投球ができなくなってきた。ひじに痛みが走るようになり、それがシーズンに入っても、抜けなくなったんですね。

前にも書きましたが、十六歳ぐらいできつい練習をするのは無理があります。今、僕の所に入門してくる子どもにしても、十六歳ぐらいから鍛えていったら、もう大きくなりませんよ。十六歳ぐらいから大人と同じように鍛えたらだめです。

だから、僕の所では、中学を卒業して入ってきても、しばらくは試合にも出しませんし、十八、十九歳の子に練習を大人の八〇％ぐらいやらせるとしたら、十六歳の子には四〇％しかやらせられないですねえ。

それで、次の三十四年には早稲田実業高校から、王貞治選手が入団してきました。王選手は、入団して僕の球を打たされて、「上から投げ下ろす重い球、これがプロの球なんだと思った」と言ってくれました。「二階から投げ下ろすような」とスポーツ紙にも書かれたところです。

給料は上がって初任給の一万二千円が五万円になっていましたが、結局、この三十四年という年も二軍暮らしでした。そして、その年の秋、つまりシーズンオフに僕を待っていたのは、クビの通告だったんです。

◆大洋へ

毎年、秋風が吹いて来て風が強くなると一番思い出すのが、この巨人軍からクビを言い渡された時のことですよ。まあ、今は懐かしく思うんですけどね。

いざ、そうなっても、別に球団が冷たいとかなんとか考えるような年でもありませんでした。まあ、今思っても、それが世の中なんでしょうな。それに非常に落ち着いていたと思いますよ。モルモン教に入っていたからかどうかは分かりませんけど、クビになってもやけになったとか、酒は飲めましたが、やけ酒を飲んだとかいうことはなかったですね。

クビになって二、三日後に、あるスポーツ新聞の記者がインタビューに来ました。その時の記事は、二面に一ページの大きさで出たんですよ。

そのインタビューに、僕は「自分はもう一回、何年か後に日の目を浴びてみせる」と答えているんですね。

その新聞を僕は今でも持っていて、今でも時々、そのタンカを切っている新聞記事を見るんですが、そんなに大きく扱ってもらったのは初めてだったですからね。

まだ、レスラーになるとか、そんな時じゃなかった。さあ、どうしようかなあ、と思っていたぐらいで、今思うと、よくそんなに生意気なことを言ったものだ、と思うけど。

ただ、その時点では、三条には金輪際帰れない、帰れない、帰れないということだけが頭にあったですね。

それは巨人軍に入ったということが、三条の町の人たちにとってそれはもうすごいことだったんですよ。ですから、それがやっぱり駄目になりました、クビになりました、と言って、おめおめ、田舎に帰って、ホウレン草を売ったり、大根を売ったり、そんなことがいまさらできるかい！　という気持ちでしたね。

こういう気持ちだったんで、その後苦しいことがあっても、辛抱できたと思うんです。

そんな時に書いてくれたので、僕はその記者に非常に好意を持っていたんです。いい人で、お世話になったんだなあ、と思っていたんですよ。

それが十年ぐらい後になって、ある週刊誌の座談会で、プロレスのことをボロクソに言ってるんですね。記者の名前を見た時、最初は懐かしいなあと思ったんですが、プロレス放送のアナウンサーが一番アホでとか、どうのこうのとプロレスの悪口を言っている。がっかりしちゃったですね。その人は僕が辞めた時に書いたということを、忘れてしまったんでしょうね。でも、こっちはそういう時に、あれだけ扱ってもらったということは覚えてますから。

それで巨人軍の合宿所を出ることになるのですが、そんな僕に声をかけてくれたのが大洋ホエールズでした。

◆野球断念

僕の大洋ホエールズ入りには、こんないきさつがあるんですよ。まあ、大洋に入ったといっても、それはもう、ほんのひと月ぐらいのことだったんですけどね。

西鉄ライオンズの監督をして、昭和三十一年から三連覇、「知将」と呼ばれた三原脩監督が昭和三十五年のシーズンに、初めて大洋に来ました。僕が巨人軍に入団した時に巨人のヘッドコーチだった谷口五郎さんという人が、三原さんと同じ早稲田大学出身だったもんで、その時に、大洋に行かれたんですね。

谷口さんは、僕が二軍で投げている時に、励ましてくれていた人です。そして、僕を新潟から連れて来たきっかけになった人が、谷口さんと同じ早稲田大学出身だったというような関係があって、僕に「巨人をクビになったのなら、大洋でやってみろ」ということになったんですね。

あのころの大洋っていうチームは、もう駄目の、駄目の、駄目なチームですからね。確か五年連続ずっと最下位でした。それが、この昭和三十五年というシーズンには、「三原魔術」といわれたような、三原さんの見事な采配（さいはい）で大洋ホエールズが優勝したんですね

そして、日本シリーズでも、全部一点差という三原さんらしい勝ち方で、四勝負けなしで大毎オリオンズに勝ちました。最下位から日本一というわけですよ。

とにかく、大洋の練習用グラウンドが巨人軍と同じ多摩川にあったので、僕は巨人軍の二軍合宿所を出てから、川崎の新丸子にアパートを借りました。そして、その春の大洋のキャンプは兵庫県の明石でした。僕は、テスト参加ということで、背番号もないユニホームでした。

ただ、その前年にあまり全力で投げていなかったので、右ひじの痛みもなく、とにかく採用されなければと投げ込みを続け、三原監督から「内定」をもらいました。

それでホッとしていたからかもしれません。宿舎の旅館で、練習が休みなので、食事をしないまま朝ぶろに入っていたんですね。出ようとしたところめまいがして、倒れてしまったんです。

その時に、左ひじが切れました。ふろ場が血だらけになって、救急車で病院に運ばれ、手術したのですが、左手の中指と薬指が伸びなくなったのです。

野球はもう終わりだ、ときっぱりと思いました。もし、ふろで倒れなくても、投手として活躍できたかというと、駄目だったでしょうね。もう、ひじがだめになってましたからね。

だからこの時は、野球に未練はありませんでした。野球をやめて、それは非常にごく自然だったというか、それはそれでよかったんじゃないかと思いますね。

第四章　プロレスへの転身

◆プロレス転向

野球をやめることは決心したんですが、なにをやるのか決めていたわけではないんです。すぐ、プロレスの世界に飛び込んだのでもなかったんですよ。

巨人軍をクビになってから、二軍の寮を出て新丸子に四畳半一間のアパートを、家賃四千円ぐらいで借りていたんですが、そこでこれから何をしようかな、と考えてましたね。

母と姉からは、郷里に帰って青果業を手伝うよう言われました。でも、いまさら大根を売ったりする気は全然ありませんでしたから、わがままを言わせてもらい、帰りませんでした。

それで、アパートの近くに不二拳闘クラブというボクシングジムがあって、そこで体をなまらせないために自分でトレーニングしようと通っていたんですよ。

このジムには後にミドル級チャンピオンになった前溝隆男なんかがいたんですが、一緒に多摩川の周りを走ったりトレーニングしてました。その時に、そこの会長から「ヘビー級の

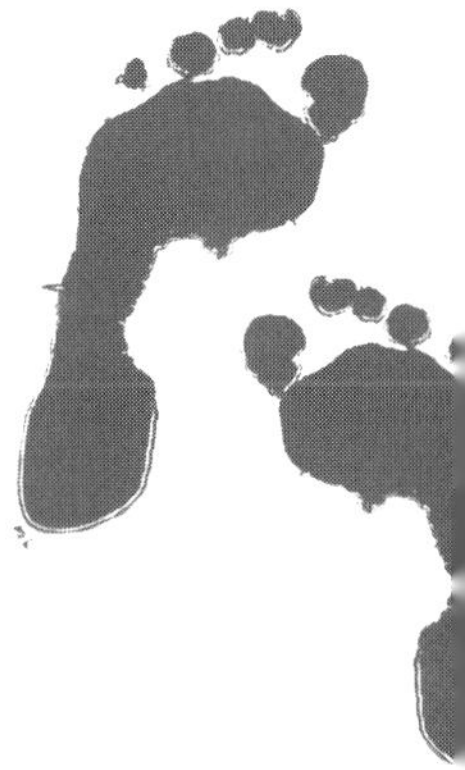

ボクサーになれ」と言われたんですね。

ボクシングは昭和二十七年五月に白井義男がフライ級の選手権試合に勝って、日本で初めての世界チャンピオンになって日本中を沸かせましたが、ヘビー級なんていなかったので、その気になりませんでしたよ。

ヘビー級のボクサーになれという話は、実は後でまたあったんですよ。アメリカへプロレスの修行に行っていた時のことで、マイアミでのことでしたけどね。

僕の出る試合の前に、控室で別の試合のテレビ中継を見たりしていたんですね。その時冗談で、ボクシングの格好をしたんです。まだ、若かったからフットワークもいいわけですよ。

そうしたら、一緒にいたダンディというプロレスのプロモーターが見てて、「ボクサーになれ」と言うんですよ。「三年間辛抱したら、おれが必ず世界チャンピオンにしてやるから」って。

このダンディというのは兄弟がいて、どちらかがあのヘビー級ボクシングチャンピオンのモハメド・アリを育てたというマネジャーだったんですよ。

どっちにしても、不二拳闘クラブで勧められた時も、ボクサーになる気なんて全然ありませんでした。

映画俳優にならないかという人もいましたが、これもどんな役になるか分かるので、断りましたよ。ホテルマンはどうか、とか、キャバレーのドアマンという話もありました。

結局、どれも気が乗らず、やっぱりスポーツをやりたいという気持ちから、当時日本橋浪花町（現在の東京・中央区日本橋富沢町）にあり、「人形町の力道山道場」と呼んでいた、「日本プロレス・センター」に足を向けたんです。

◆力道山道場へ

今の日本橋富沢町、当時の浪花町にあった日本プロレス・センター、われわれが「人形町の力道山道場」と呼んでいた所に足を向けたのも、はっきりプロレスラーになろうと、決心していたわけではなかったんです。

センターは昭和三十年夏に完成、七月に開場、力道山や相撲の横綱から転身した東富士が模範練習を見せたりしました。鉄筋コンクリート五階建ての堂々とした建物でした。

力道山のことは、当時のプロレスは国民的人気でしたから、よく知ってましたよ。巨人軍の二軍の寮で、みんなでテレビ中継をわいわい言いながら見てましたしね。

それに巨人軍はそのころいつも優勝してましたでしょう。すると優勝祝賀会を新宿のコマ劇場とか有楽町にあった日劇ミュージックホールとかでやったんですよね。その時に力道山も出て来て、よく会ってました。

まあ、そんな時は、こちらも巨人軍の選手ですから、力道山も、巨人をやめてプロレスに来い、とかは言いませんでしたがね。

確かに、すごいプロレス人気でした。

力道山がアメリカ修行に出る前に、日本で初めてプロレスの試合をしたのが昭和二十六年。修行から帰国後の二十九年には、力道山、木村組がシャープ兄弟とタッグマッチで対決、それからブームになってました。

でも、自分がプロレスをやろうとは思いもしませんでしたよ。そりゃあ、巨人軍にいて、そこから外へ出てほかのことをするなんてことは考えもつかなかったし、野球以外のことをしようということは考えもしなかったですね。

まあ、それだけに、野球ができなくなった時の、惨めさというか、悲しさというか、それはなんとも言えなかったですねえ。

だから、プロレス・センターに足を向けたのは、こんなことだったと思うんですね。

「力道山は大スターになった、スターになったということは、イコール金持ちになったということだ」ということも、僕らの頭にあったと思うんですよね。だれでも有名になりたい、有名になる、イコール、お金も入って来る、というのも普通の考え方だと思うんですよね。

で、野球をやめてどうして食べていくか、食わんがためにはプロレスがいい、というふうに僕は思った、と当時の僕の心境を考えると、今そう思うんですよ。

最初に、それほどはっきりプロレスラーなろうとも思わずセンターに行った時は、確か、力道山はブラジル遠征中でした。

それで、二度目に行ったのが、昭和三十五年の四月のことでしたね。

◆入門──練習の毎日

力道山がブラジル遠征から帰国した昭和三十五年四月に日本プロレス・センターをもう一度訪ねました。

そうしたら力道山が出て来て、ひざの屈伸運動をやってみろ、と言うんですね。「ヒンズー・スクワット」と呼んでいた運動ですが、これを見よう見まねでやったんです。

多摩川の巨人軍の二軍時代にピッチャーとして、ランニングをたっぷりやってましたから、足腰には自信がありましたよ。そうしたら力道山が「よし、明日から来い」で、決まりです。

こちらは金がなかったし生活もあるので、月給はいくらもらえるか、と聞いたんです。すると力道山が「ジャイアンツでいくらもらってたんだ」と言うので、「月給五万円です」と答えたら、「よし」ということで、五万円もらうことになったんですが、これがひと月だけ。

レスラーになってしまったら、もう「コノヤロー」と言われても黙って従わなければならない力道山の絶対的な世界でしたから、次の月には「五万円は高すぎる」と言われ、あっと言う間に三万円に下げられてしまったんです。

それでも大卒の初任給が一、二万円かそこらの時ですから、文句は言えないですよ。でも、金がなくて、よく電車に乗らず歩いたですね。

そのころ、下宿のアパートは東横線の新丸子駅の近くでしたが、プロレス・センターに練習に行く時に、朝八時にアパートから歩いて新丸子駅に行き、東横線で渋谷に出て、国電で東京駅まで乗って行きました。東京駅から人形町のセンターまで都電があったんですが、金を節約するために、乗らずに四十分ほどかけて歩きましたよ。

それで午後三時ぐらいに練習が終わるでしょう。それから、飯が食べ放題のチャンコを食べてから帰るんです。僕はどんぶり飯を三杯ほどでしたが、六杯食べるのもいましたよ。食べ終わって帰るのに、また節約して、東京駅まで歩きというわけです。

ひどい時には、東横線の沿線を歩いたこともありますよ。

国電の東京駅から渋谷までは二十円、東横線の渋谷から新丸子までが二十円で、その途中の田園調布までは十円なんですね。それがその二十円がなくて、田園調布まで十円で来て、田園調布から次の多摩川園、そして新丸子までという区間を歩いたこともよくありましたよ。

食事も朝飯抜きで出て、センターでチャンコを食べるだけという、一日一食のことも多かったですね。

まあ、今思えば楽しい、いい思い出になりますけどね。

◆力道山のしごき

プロレス入りに母は反対でした。

僕のプロレス転向が「巨人軍馬場投手、プロレス転向」というように、新聞に出たんですね。するとと母はあわてて、上京してきたんです。

そして、「力道山さんから契約金をもらっているのなら、私が返すから、プロレスに入るのだけはやめてほしい」と言うんです。

困りましたよ。「それでも、そんなものになるんだったら勘当だ」ということまで言われましたね。

一晩かかって話をしたんですが、こっちもいまさらもう三条には帰れませんから、言うことをきけません。

そこで最後は「うん、分かった、分かった、そんなことはしないから」って言って、母を帰したんですよ。申し訳なかったですけどね。

母は、後に僕がアメリカ修行から帰ってきた時に迎えに来てくれたりして、まあプロレス入りを許してくれるんですが、こういうことがあったので、こっちも懸命に練習しましたよ。

当時、力道山の弟子になると、合宿させられ、下宿から通っていたのは僕だけでした。

同じころの新弟子にブラジルから来たという、

力道山の墓前でアントニオ猪木と談笑＝1985年12月、池上本門寺（東京）

アントニオ猪木がいましたね。ブラジルからといっても、そんなに長く行っていたわけではないようですが。

一年先輩が大木金太郎でした。アントニオ猪木は、十六歳のまだまだ子どもだったけど、背が高かったことは覚えていますよ。

三人で力道山によくしごかれました。ヒンズー・スクワットというひざの屈伸運動は、三千回やらされたもんです。今、こんなことをやらせたら、新人はすぐ逃げ出すでしょう。

僕も初めは二百回ぐらいでぶっ倒れてしまいましたよ。それを三千回やるんですよ。倒れると水をかけ、起き上がってまたやっては倒れ、流れ出た汗がたまった水たまりに顔をつける。それの繰り返しなんです。

確か、東京の浅草にあった台東体育館で、僕と猪木、大木の三人で、力道山に言われて、このヒンズー・スクワットをやらされた時のことでした。

三人の体から流れ出て来た汗で体育館の

兄弟子だった大木金太郎＝1972年12月

床に水たまりができて、シューズが水に突っ込むようになってしまったんですよ。

三人とも特に体が大きかったから、それだけ汗も余計に出たということもあるでしょう。その時、そばで見ていた、現在全日本プロレスのチーフ・レフェリー、ジョー樋口が「あの汗はひしゃくですくえた」と言ったもんです。

それほどの猛練習でしたね。今は、新人にあまりきつい練習をやらせると、その母親から「息子をいじめた」という電話がかかってきますよ。別にそんなことなんかしていないのにですよ。だから、子どもが一人前に育たない。

◆ダンベルをもたされ

力道山道場のしごきは、それはもう、すごいもんでしたよ。でも、僕らはもうほかに行くところがないからですね。逃げようにも逃げる場所がないですから、ついていくしかなかったんですね。

当時のプロ野球では、ピッチャーは肩を大事にするため、あまり重いものを持ったりしないようにしてました。今ならウエートトレーニングとかやって鍛えますが、当時は利き腕に重い荷物を持つことを禁じられたりしました。

それで、力道山道場に入門してから、腕立て伏せやベンチプレスを使ったトレーニングなんかをしたもんですが、力道山は弟子たちに、修行のためにダンベルという両側に丸い玉の付いたバーベル、鉄アレイを巡業の旅行中に両手に持って歩かせたんですよ。

これが重たいんですよ。なにしろ、バーベルの一つの重さが六〇キロなんですよ。両手で一二〇キロを持って歩かなければならないんですから。

とてもじゃないけど、持って歩けないですよ。それで考えまして、自転車のタイヤのチューブで、バーベル二個を縛って、自分の肩に荷物のようにかけてそれで両手で持ったんですね。少しでも軽くしようというつもりだったんですが、それでも一番まいったのは、国鉄の青森駅でしたよ。

力道山は、巡業中、現在はグリーン車と言っている二等車を使っていて、駅に着くとさっさとホームに降りたって歩いていく。

僕らは三等車です。そこから降りて、両手にバーベルを持って、力道山の後をひょこひょことついていくわけです。夏は汗が流れてもふけないいんですよね。

昔のことですから、巡業は全部汽車を利用してましたから、青森まで国鉄で来て、この青森の駅で北海道・函館行きの連絡船に乗るんですが、ここは港までホームを長く歩かなきゃならんわけですよ。これが重たいんですね、ほんとに。

階段も上がらなきゃならないんですよ。全部ね。これにはまいったもんです。

普通は新人が入ってきたら、今度は新人にこういうことをやらせるでしょう。それが僕の場合、新人が入ってきたからといって、その新人にやらせると、「お前がやるんだ」と力道山から怒られるんですよ。それで、新人には荷物を持たせて、僕がバーベル持って、結局、一年間ぐらいやらされましたかね。

それも大木金太郎や猪木はこんなに長くはやらされなかったですね。僕だけでした。

まあ、思えば、僕は野球選手でしたから、力仕事をしたことがないわけですからね。それで僕だけ、集中的にやらされた。ということは言えると思いますね。

◆国内デビュー戦

プロレスでも大事なのは、受け身です。受け身は、柔道だけとは限らないんですよ。投げられることが多いと、どうしてもケガをする。しっかり受け身をマスターすれば、投げられてもケガが少なくなるんですね。

それで僕も、二メートルの大きさの割には、受け身を早くマスターしたと思います。

練習でだめだと見ると、力道山からわれわれ弟子に鉄拳(てっけん)や青竹や木刀が飛んできたものですが、僕は食らったことがありませんよ。プロ野球で厳しい練習をやって、鍛えていたおかげでしょうね。

で、デビュー戦は、昭和三十五年九月三十日のことでした。今でもよく覚えていますよ。場所は、東京の台東体育館でした。

相手は相撲出身の桂浜、田中米太郎です。この人は、僕ら練習生の監督のような立場だった人でした。

当時はプロレスブームでした。相撲の横綱からレスラーに転向、力道山とタッグマッチを組んでいた東富士はもう引退していましたが、外人レスラーを次々と呼んできて、力道山との対戦でブームは続いていました。

それに、この時は、メーンイベントに、力道山のアジア・ヘビー級選手権に外国人レスラーが挑戦するという試合があって、台東体育館は超満員の状態でしたが、僕は特にあがらなかったですね。

プロ野球の一軍の公式戦初登板、阪神戦の時も、あがらなかったですからね。プロレスでも、それ以後もあがるということはあんまりなかったですね、僕は。

試合は楽勝とは言えませんが、まあ勝ちました。無我夢中でやったんですね。

練習で試合はやってましたから、まあ、なんとかやったんですが、基本的な体力づくりばかりやっていて、あんまり技をマスターしてなかったんで、平手打ちとかキックとか、組みついて投げ倒したりするしかなかったんですね。

でも、股裂(またさき)で5分15秒、ギブアップで勝ちました。その時、僕の手を上げたこの試合のレフェリーが、相撲出身の九州山だったことを覚えていますよ。

この時、大木金太郎とアントニオ猪木も一緒にデビューしたんですが、大木と猪木が試合しまして、猪木が負けたんですね。

後に新聞などで、僕とこの二人の三人を「力道山門下の三羽烏(がらす)」なんて言ったこともあったようです。

大木は「原爆頭突き」を得意技にしていて、後に猪木と対決したりして話題になりましたが、僕はこの年、この大木との二つの引き分けをはさんで、18勝7敗5引き分けの成績でした。

この七敗のうち五敗は、小兵の芳の里に負けたもので、僕はどうもこの芳の里が苦手でしたね。

◆外国人との初対決

デビュー戦でもあがらず、その試合に怖さも感じないで無我夢中にやって勝利を得たんですが、恐怖というのはプロレスやっていて、しょっちゅう感じますよ。怖いんですね。

僕がそういうと、「馬場さんが？」とみなさん言いますけど、田中米太郎との初試合の翌年、昭和三十六年に初めて外国人レスラーとやった時は、ほんと恐怖というか、そんなものを感じたんですよ。

これが外国人レスラーとの初対戦なんですが、相手は「ミスターX」と名乗っていたビッグ・ビル・ミラーというレスラーでした。

力道山や豊登といった日本側に、外国人招待選手を交えた「第三回ワールド・リーグ戦」というのが行われていたんですが、僕はもちろんまだこのリーグ戦に出られるわけもなく、その前の15分一本勝負の試合でした。

このミスターXが、この時のワールド・リーグ戦に参加するために来日した外国人レスラーの中でも一番強い選手で、リーグ戦の優勝候補だったんですよ。

当たったのは、五月一日の東京体育館での開幕戦でした。その前の日の公開練習を見ていましてね、ミスターXの荒っぽさが分かっていたんで、試合前に控室で震えていたもんですよ。

それでも、七分か九分ぐらいは試合ができたんだと思いますよ。もう、無我夢中どころではなくて、怖さが先に立ってて、まあ、よくもったなあと思いましたね。

まあ、何をやったのかよく覚えていませんよ。ミスターXに、適当にあしらわれていたんだと思いますね。

まるで岩にぶつかったような感じで、気がついたら逆エビ固めでギブアップです。それで控室に帰ってきて、ああ、無事に帰ってきたな、というそんな感じでしたね。

まあ、若い選手が入ってきてから、外国人選手と勝負できるようになるまで、どうやったって三年はかかりますよ。

僕はそれをいきなりやらされたんです。力道山は別に僕が勝つとかいうことを期待してさせたんじゃないでしょう。やっぱり経験を積ませる、ということだったんだと思いますね。若い時には、この経験を積む、強敵と当たっていくというのは、大切なことなんです。

その後、この年には二人の外国人選手と三回対戦させられましたが、まあ、一度も勝てませんでしたね。

でも、その時に、中途半端な選手と言ったら変だけれど、実力のそんなにない外国人選手ではなくて、一番強い選手に当てられたということで、僕はそこで非常に自信をつけましたね。

◆空手チョップ

昭和三十五年四月の入門直後から第二回ワールド・リーグ戦が始まって、力道山以下のプロレスラーが全国巡業に出ました。

僕や猪木ら練習生はまだなにもできませんから、「東京に残って練習してろ」と留守番をさせられました。

そうしたら、一カ月後、突然、岐阜の試合会場に呼び出されましてね。「この日から来い」というわけですよ。

それからずっと巡業に同行させられましたが、その巡業中もダンベルを持たされたような、厳しい練習をさせられたもんです。

この三十五年ごろには、力道山は、若手をアメリカやブラジルの海外修行に出す、ということを言ってましたね。

力道山は関脇までいった相撲出身です。東富士や羽黒山なんかと優勝争いをしたこともあったんですが、プロレスに転向してから、昭和二十七年二月に渡米して約一年間、アメリカで武者修行しているんですね。

それで、若手も修行に出してもらえるということで、競争心を持ったもんです。

とにかく、このアメリカ修行に行かせてもらえるかどうか、が大問題でしたね。

アメリカに行かなければスターになれない。アメリカに行くということが、出世街道を行くための通り道というか、一つの道だったんですよ。アメリカに行けなければ、もうプロレス界では上に行けない、というようなところがありましたね。

それで、アメリカに行った時のためにと、それまで以上に厳しい特訓を受けたんですよ。僕も力道山から「アメリカでは空手チョップを使え」と言われ、右手を鍛えられましたが、これが並大抵じゃないんですね。

手をテーブルの上に置くでしょう。それから、木づちのようなものでガンガンたたくんですよ。これはホントに骨が砕けますよ。それで「痛いか」と聞くから、「大丈夫です」と答えると、またガンガンです。

アメリカ修行に行ってる時に、力道山がニューヨークに来たんですが、その時に、僕は自分を売り込むためにげたを履いていたんですね。それで、手をガンガンやったりするんですよ。「原爆頭突き」が武器だった大木金太郎は、「頭突きをやれ」と言われ、壁にガンガンとやられました。

額の辺りが水がたまったように腫(は)れて、それが破れて血が出て、またガンガンやって、腫れて血が出て、固まって、というわけですよ。

血が出ないと内出血してしまいますから、皮膚を切って血を出しましたけどね。十日か二十日たつと、もう破れなくなって固まるんですよ。それであの「原爆頭突き」ができたんですね。

第五章　本場アメリカで武者修行

◆無一文で渡米

力道山は、若手をアメリカに修行に出すかどうかを決めるテストをしていたんですね。そのテストというのは、外国人レスラーとの対戦だったんです。

僕は、外国人レスラーとの初めての対戦となったミスターXとの試合から始まって、その後やった外国人レスラーとの試合には全然勝てませんでしたから、もう、これはアメリカ行きのテストには落第だ、と思っていました。

そうしたら、芳の里とマンモス鈴木、そして僕の三人が初の渡米武者修行に出ることが決まったんですよ。

芳の里と鈴木は先輩でした。鈴木は昭和三十三年に力道山の弟子となった人です。入門の時に既に十八歳で一九三センチ、約一〇〇キロあったんですから、大きかったんですね。

僕が入門した時二十歳になっていた鈴木は、一九八センチ、一一五キロに伸び、すごい体でしたよ。

当時、僕はデビューから一年足らずでしたよね。入門した時から、普通の練習生のように力道山道場に下宿しないで練習に通ったり、初めから巡業に連れていかれたりしてました。そして、この「出世コースの急行券」と言われたアメリカ修行に出されたんですから、先輩たちからもだいぶ、ねたまれたようです。

僕はと言えば、それどころではなかった。とにかく、アメリカには、ミスターXのような手ごわいレスラーがごろごろいると思うと、恐怖でしたよ。

三人で、羽田空港を飛び立ったのが昭和三十六年七月一日のことでした。当時、安保騒動が終わり、レジャーブームがきていましたが、まだまだ海外旅行へというのは少数でした。

それで飛行機の座席に座ってしばらくしたら、芳の里が「お前、ドルをいくら持ってきたのか」と聞くんですよ。

いくらって言ったって、大体、ふだんだって、電車賃がない時があるぐらいだから、貯金があるわけでもないし、アメリカへ行くということになっても、小遣いもなかったんですねえ。ですから、一銭もなしですよ。力道山からは「ロサンゼルスに着いたら、グレート東郷に任せてあるから」と言われていたので、金のことも何も考えていなかったんですね。

芳の里と鈴木は何とかして持ってきたようですが、一銭も持たずにアメリカへ行こうというのですから、あきれた芳の里は預かっていた餞別の百ドルを分けてくれました。鈴木と僕で三十ドルずつです。

当時の公定レートで一万円ちょっとですよ。それが、僕がアメリカへ渡った時の全財産だったんですね。

◆ロサンゼルス時代

分けてもらった三十ドルを握って、ロサンゼルス空港に降り立ったんですが、外国へ行くことが大変だった当時ですからね、不安でした。自分もレスラーで、力道山に頼まれて僕らの面倒を見ることになっていたグレート東郷が、僕らの宿舎としてモーテルを借りてくれていたんですが、新丸子アパートに毛が生えた程度の部屋でした。

ここで、僕ら三人は自炊ですよ。

グレート東郷が、毎日、車でコメにジャガイモ、ニンジンとかキャベツといったちょっとした野菜、それにコンビーフの缶詰とかいったものをそのモーテルに運んで、用意してくれていたんです。

まあ、三人で食べれば何も残らないぐらいの量でしたが、とにかくお金がない。グレート東郷は、食料は用意してくれたけど、金は全然くれないんですよ。

まあ、普通なら、僕らが金を持っていないのは分かっているんですから、まあ「お前たち、来たか」と迎えて、それから「ちょっとアイスクリームでも買えよ」と言って、小遣いをくれたりすることがありそうなもんじゃないですか。

もし僕らだったとしても、「お前たち、金がないのはかわいそうだなあ。それなら」って、同情して今の金にしてですよ、千円とか二千円とかでもやる、とか、そういうことがあってもいいじゃないですか。

それが、そういうことすら、まずなかったですね。アメリカ人というのはこういうものか、と思ったりしましたが、とにかくひどかった。厳しかったというより、もうひどかったですね。

芳の里とマンモス鈴木は、すぐ試合に出るようになったので、お金をもらえるようになったんですが、僕は試合がないから、収入が全然ないんですよ。遊びに行くもなにも、お金が全くないんですから。

試合に出してもらえなかったのも、僕はまだプロレスを始めたばかりで、使い物にならないと思われたようですね。

グレート東郷は、ロサンゼルスの高級住宅地に当時で五万ドルで、大豪邸とは言えないまでも邸宅を買って、そこに住んでました。

それで、そのころのことですから、その近所では「黒人が引っ越して来た」というんで、「家の値段が下がる」とかなんとか言って、やっていましたよ。

グレート東郷のケチぶりは日本でも有名でしたが、愛車のキャデラックに乗せてもらっても、灰皿は傷むから使うな、といった徹底ぶりでした。

練習はロードワークをやってましたが、そのロードワークの途中に分けてもらった三十ドルの残りを落としてしまったんですよ。試合にも出られないのに、一文なしになってしまって、どうしようかと途方に暮れましたね。

◆アルバイトに芝刈り

プロレス修行のため羽田空港を飛び立って、生まれて初めてアメリカ・ロサンゼルスへ渡りはしましたが、初めは収入もなく、まあ、ひどかった。

その時の苦労を今言えば、まあ、きりがないですけどね。

一緒に行ったマンモス鈴木と芳の里は、アメリカに着いてからすぐ試合に出られたんで、収入もあったんです。

世話をしてくれていたグレート東郷が、プロレスを始めて一年程度しかたっていない僕を、

「使い物にならない」と見たんでしょう。

借りてくれたモーテルの一室をみんなで宿舎にしていたんですが、「ユーは試合がないから寝ていなさい」と言うんですよ。

それに僕は、飛行機の中で、芳の里に分けてもらった三十ドルの残りの金を、練習のロードワークの最中に、落としてしまって、とうとう一文なしになってしまったんですね。

そのころも、ロサンゼルスには日本人街があったし、日本人も多かったんです。

それで、芳の里と鈴木が試合に行っている間に、僕は知り合いになった日系二世の人に「なんか、仕事みたいなものはないだろうか」と頼んだんですよ。

そうしたら、その人が世話してくれて、やったのは芝刈りとか、ペンキ塗りとかいったアルバイトでした。炎天下でやって、日給二十五ドルでしたね。当時の大学出の人が初めてもらう給料が、週給百二十五ドルだと言ってましたから、そう悪い日当ではなかったですが、日本では僕たちがそろってバリバリ試合をやっていると思っていたでしょう。まさか、僕が芝刈りをしているとは、考えてもいなかったでしょうね。

もちろん、練習はしなければいけない。しかし、その時分は、もう、練習よりも金を稼ぐことの方が優先でしたよ。

日本人街の人たちは僕たちに親切にしてくれました。

日本人街に遊びにいった時も、僕らは人の世話になるだけでしたが、割合によく好意を持って世話をしてもらいましたよ。

まあ、遊びにいくといっても、バーというか、クラブというか、そんなところに日系二世の人たちなんかに連れていってもらうだけでしたが、そういうところで働いている女の人たちは、戦争花嫁というか、そういう人たちばかりでしたから。日本から来たというんで、面倒見てもらいました。

当時、テレビでプロレスの中継もやっていましたから、僕たちがどういうことのために来ているのかも、レスラーだということも、分かっていましたから。その点、心強い点もありましたね。

◆アメリカ・デビュー

アメリカで僕がやっと試合に出してもらえたのは、ロサンゼルスに着いてから二カ月近くたった、八月二十五日のことでした。

それも、リングに上がる時に相撲のまわしをつけさせられ、リングに塩をまいて、四股(しこ)を踏まされました。相撲取りの格好をさせられたんですよ。まあ、ほんのデモンストレーションだったんですけどね。

これはグレート東郷自身もやってましたし、芳の里もやってるんです。当時のアメリカでは、これが日系レスラーのトレードマークでしたから、そんなに嫌な気もしませんでした。

ほんとは、この試合はマンモス鈴木が出る予定だったんです。鈴木は毛深かったので、東郷からゴリラのまねをしろ、というようなことを言われ、嫌だと言って断ったので、僕のところに回って来たんですよ。

場所は、ロサンゼルスの南、メキシコ国境に近いサンディエゴの町でした。相手はアート・マハリックという、脂の乗り切ったレスラーでした。結果は、リングから転落した僕の負け。当時のロサンゼルス地区の会場は客席とリングがくっついていましたから、リング・アウトすると即座に負けとなってしまうルールになっていたんです。

このデビュー試合のギャラは、二十五ドルでした。まあ、それでもこのギャラがまるまる僕の手に入るわけではなくて、マネジャー役のグレート東郷が受け取って、その中から僕に週給でくれるようなやり方でしたよ。

それからは、週給六十ドルになり、この六十ドル時代はかなり続きました。

初マットで相撲取りの格好をさせられたんですが、「悪役」とかいい役とかということを、全く気にしたことはなかったし、心配もしませんでしたね。

ロサンゼルスには日系人が多いということもあったんでしょうが、お客さんは試合の内容を見ていて、態度を変えましたから。

最初は悪いやつだと思っていたけど、試合の内容を見ていると、どうもあいつは悪いやつではない、じゃあ、応援しよう、というふうに変わってきたもんですからね。

この後、当時のWWAの初代世界選手権の王座にいた、日本でも力道山と戦った銀髪のフレッド・ブラッシーと戦ったこともあります。

この時は、東郷の日本語がうまくなかったので試合中に東郷の指示が伝わらず、結局負けてしまい、怒った東郷にげたで頭を殴られたこともありましたよ。

情けなくて日本に帰ろうと思ったりしましたが、パスポートは東郷が預かっているし、金もなく、辛抱するしかありませんでした。

◆ニューヨーク時代

ロサンゼルスでアメリカでの初マットを踏んだ後、ニューヨークに移りました。

ここには、スポーツのメッカであるマンハッタンのマジソン・スクエアガーデンがあって、プロレスを定期的にやっていたんです。僕ら三人も、ここで試合に出るようになりました。

僕は、やはり大きかったマンモス鈴木と組んで、「日本人巨漢コンビ」ということで売り出したわけです。

このころから、外国人レスラーにも慣れ、恐ろしくなくなってきたんですね。

それに、自分の大きな体に自信もついてきました。体が大きいということは、プロレスでは大きな強みです。

相撲は狭い土俵が舞台ですから、小さい体でも、大きな体の相手に、手でもなんでも、自分より早く土につかせればいいわけですよ。

でも、プロレスはやっぱり、最後は体力です。長い時間やっていれば、小さいレスラーより体の大きい方が圧倒的に有利になるんです。

一流のレスラーが集まってくるニューヨークで試合に出場しているうち、外国人レスラーでも、自分より高い背の持ち主は少ないことに気がついたんですね。

そのころ、グレート東郷が僕らを売り出そうとして、僕に口ひげをはやさせていました。それで相撲のまわしを締めてリングに上がって塩をまき、四股を踏んだりして、マジソン・スクエアガーデンの観客を沸かしたもんです。

ふだんもげたに浴衣スタイルで、ニューヨークの街を歩いたりしました。今ほど日本のことが知られていない時代なので、珍しがって人がゾロゾロついてきたりしました。

駆け出しのレスラーのことを「グリーンボーイ」と呼んでいたのですが、後で親しくなるブルーノ・サンマルチノも、同じ駆け出しレスラーのグリーンボーイで、ニューヨークの控室の端っこに二人で小さくなっていたんですね。

ブルーノ・サンマルチノは、後に「人間発電所」と呼ばれ世界の王者になりました。その後も、一緒にニューヨークのジムにトレーニングに行っては、二人で「おい、今、だれが強いんだ？」とか、「オレたちも、チャンピオンになりたいなあ」とか、カタコトの英語でやっていました。

サンマルチノはイタリア出身ですから、そんなに英語がうまくないんですね。二人で「オレたちも頑張ろうな」と言いながら、一緒に練習したもんですよ。

グレート東郷はハロルド坂田と組んで活躍したレスラーですが、当時、僕らと組んで試合に出たこともありました。

日系の悪役

アメリカでの世話役だったグレート東郷は、ハワイ生まれの日系レスラーで、同じハワイ生まれのハロルド坂田と組んで、アメリカのマット界で、「悪役」としてならしたもんです。

二人は日本でもよく知られていますが、このコンビが、カナダ・モントリオールで試合をした時のことです。

二人が暴れに暴れて地元のチャンピオン組を破ったため、興奮した観衆に囲まれてしまい、警官に守られてやっと脱出できたという話もあるぐらいです。

でもね、「悪役」といっても、グレート東郷やハロルド坂田でも、ロサンゼルスやサンフランシスコといった西海岸地区にいたら、恐らくこんな「悪役」にはならなかったんじゃないか、と僕は思います。

それがニューヨークといった東部地区の方に行きますでしょう。すると、当時はなにしろ、太平洋戦争の終戦直後ですからね。いじめ感情といいますか、そんな感情があって、日本人に対する感情は悪いわけですよ。

そうしたアメリカ人の日本人に対する悪い感情を知って、グレート東郷やハロルド坂田といった人たちは、それを利用したんじゃないか、と思うんです。

ですから、リングネームも、東郷の場合だと、東郷元帥の「東郷」というような、アメリカ人でも分かる、そんな名前をつけてレスリングをやったんだと思うんですよ。

まあ、当時はそういうこともあって、日系の悪役が出たと思います。それが、逆に力道山のころには、日本人レスラーがアメリカ人レスラーをやっつけて、それで日本人に受けるということになったんでしょう。

今の日本の試合を見てもらえば分かりますけれども、今の場合は、こういう悪役がやったような悪いことをしたり、そんなことを利用しようということを考えたりするレスラーの人たちは、結局、たいした力というか、技術を持っていないというか、その程度のレスラーだ、ということが言えると思うんですよね。

反則にしても、外国人レスラーは、フォール負けになると完全に負けだけど、反則負けの場合はカッコウがつく、ということで、わざと反則をして反則負けにするということもありました。確かに、ルールとしては、反則負けというのはあるんです。だから、反則負けというのもあっていいんですね。

僕のところ、全日本プロレスでは、前に書いたように、今は「明るく楽しく激しく」のモットーでやっていますから、反則負けはなくしたんです。僕のところのこういったやり方では、昔の悪役のようなやり方はできないんですよ。

◆当時の対日感情

グレート東郷やハロルド坂田が「悪役」になったのは、当時のアメリカ人の日本人に対する感情が悪かったのを利用したんですが、確かに当時のアメリカでは、日本人に対する感情は悪かったですね。

こんなことがありました。アメリカに渡って半年ぐらいたって、南部のフロリダの方に行った時のことでした。

日本人に対してだけでなく、当時はまだ、非常に黒人に対する人種差別の意識が強くありましたよ。

例えば、トイレにしても白人と黒人は別とか、レストランも黒人は入っちゃいけない、というようなやり方でした。

僕らのプロレスの試合の会場にしても、客席は、白人の席と黒人の席が、はっきりと分かれていました。

そういう土地のところで、僕らも例えばレストランに行きますでしょう。そうすると、「オレたちはどっちに入っていいんだろう？」ということで、レストランの前で考えたり、迷ったりしたもんでした。

ある時、昼食を食べようと行ったら、そのレストランには「ホワイト・オンリー」と書いてあったんです。

それでも、よく分からなかったので、そのレストランに入ろうとしたら、そこの主人らしい男から、鉄砲、ピストルを向けられて、「出て行け！」と言われたことがありましたですね。確かにね、場所がなにしろフロリダなんで、僕らも日に焼けて顔も何も真っ黒になってるわけですよ。

その上に、浴衣を着て、げたを履いているんですから、彼らとしてみれば、もう何がなんだか分からんわけでしょう。

僕らの方は、しかも、言葉も分からないんですからね。もう、今から思えば、よくあの時に、この前、アメリカであった「フリーズ！」の事件のように、あのピストルで撃たれなかったもんだと思います。

ただね、あのころは、怖いもんなしでしたから。若かったし、第一、金なんて持ってませんでしたから。

今はアメリカに渡ってニューヨークあたりに行って、ここは妻なんか連れていくと怖いな、とか、この場所は危ないな、というようなことは考えますけどね。

まあ、最近、アメリカに行ってみて、アメリカの当時と今と比べてみても、たいして変わっていないと思いますが。

ただ、あのころのアメリカはまだ穏やかな、というか、牧歌的といったような感じはあったとは思います。

◆師匠・アトキンス（上）

アメリカ修行では、グレート東郷だけにプロレスの技などを習ったんではないんです。アメリカでの師匠になったのは、フレッド・アトキンスというレスラーでした。

昭和二十七年から一年一カ月の間、アメリカで修行した力道山は、シングル・マッチを約二百六十試合戦い、敗れたのはたった三試合だけで、このフレッド・アトキンスがその一人だったそうです。

会ったのはニューヨークに入ってからでした。当時アトキンスは現役レスラー兼マネジャーで、今の僕と同じぐらいの五十五歳ぐらいだったと思います。

アトキンスは、ルー・テーズ、カール・ゴッチと並んで当時、アメリカでは「レスリングばか」と言われていたほど、とにかくレスリング以外のことはなんにも考えないという人でしたね。現役だったんですが、若いレスラーをスパルタ・トレーニングで育てる教育係としても有名でした。

力道山は自分がコテンパンにやられた相手なので彼を教育係に選んだらしいのですが、日本での厳しいしごきの「力道山地獄」から逃れ、アメリカにやって来たと思ったら、アトキンスのスパルタ・トレーニングなんです。

アメリカに来てまでやられて、と思いましたが、それはまあ、非常に恵まれていたなと思いますよ。

今はこうやって思い出していられますけどね。でも、あのトレーニングがあったからこそ、今日の自分があるということは、これはもう、間違いなく言えることですからね。

どんなやり方かと言いますと、こんな具合でした。

試合の合間に普通のホテルに泊まっているでしょう。そのホテルの部屋でも、床の上で、アトキンスが僕に飛びかかってきて、三十分間、試合のようなトレーニングをするんです。

こういった、マンツーマンのトレーニングというのは珍しいらしいですよ。

外国人選手でそんなことをする人はいないし、もし、外国人選手でそんな教育、トレーニングをやらされたら、だれもついて行かないんじゃないでしょうか。

最初、アトキンスには、一緒に渡米したマンモス鈴木とともに預けられたんですが、そのうち鈴木は観客とのトラブルがもとで帰国してしまったので、結局、アトキンスとマンツーマンになってしまったんですね。

だから、一人の教育係についてトレーニングを受けるという、こうしたやり方は、僕だけだったということではないんでしょうか。これも力道山がやれ、ということだったんです。

◆師匠・アトキンス（中）

アメリカでの師匠、フレッド・アトキンスは、当時、今の僕と同じぐらいの五十五歳でしたが、若い僕がトレーニングで試合をやっても勝てないんです。五十五歳の人にですよ。

今、僕が練習場に行って、二十二、三ぐらいの若い選手と練習試合をやりますでしょう。そうするとやっぱり、このヤロー、そうはいくか、という感じで負けるもんじゃないし、五十五歳という年齢なんていうのは、全然気になりませんけどね。

今、自分がアトキンスの年齢ですよね。そうすると、ああ、アトキンスはあの時分はこのくらいだったんだなあと思うし、当時のアトキンスは僕よりもっとコンディションがよかったんだなあ、とも思います。

それが自分に対するいい意味での励みになるというか、刺激になりますね。

それに、僕があの人と試合をやった時、あの人はこっちがこう技を仕掛けたら、こうやって逃げたなあ、あの人はやっぱりすごいんだなあ、って思います。

今、自分がその年になって、そうしたことが、ようく分かりますよ。

アトキンスのトレーニング教育は、基本を徹底していました。

プロレスにも、ショーマンシップというものはあるんです。でも、アトキンスは全く、そうしたことが嫌いな人だったですね。

それにアトキンスは、テクニシャンではなかったです。

テクニシャンはいっぱいいましたよ。アントニオ・ロッカというニューヨークのマジソン・スクエアガーデンでのスーパースターだったレスラーは、空中殺法の元祖といわれ、テクニックをいっぱい持っていましたし、そんなレスラーは多かったですよ。

しかし、たった一つだけど自分はこれ、という技を持ったレスラーもいます。

例えばカール・ゴッチは原爆固め、ルー・テーズは岩石落とし、相手を後ろに投げるんですが、そうした技を身につけているレスラーなんです。アトキンスも、一つだけれども、これならもう絶対にだれにも負けない、という技を持っているレスラーでした。

今のプロレスの試合を見てますとね、確かにみんないろんな技をやりますし、なんでもやりますけど、見よう見まねといいますか、この技を出したら絶対勝つんだという、そんなものがまだまだちょっと欠けていますよ。

相撲でも、左上手を取ったら絶対負けないとか、突きなら勝つとかいうのがあります。

まあ、今はそうした技とかを、みんなが研究途中で、完成させる途中なのかどうかは、僕には分かりませんけどね。

◆師匠・アトキンス（下）

フレッド・アトキンスは、とにかく厳しい「頑固おやじ」でした。

この人のスパルタぶりは、アメリカ人レスラーの間でよく知られていましたから、他のレスラーたちから「お前はよく逃げ出さないなあ」とあきれたように言われたもんです。

でも、いくら厳しくしても、彼は僕を人間として傷つけたり、見下すというようなことはしない人でした。

彼の厳しさといえば、こんな思い出があります。

フロリダにいた時のことです。ミスター・モトという日本人レスラーが試合のためにフロリダに来たんです。それで、一緒に日光浴でもしに行こうと、彼がビーチ、海へ連れて行ってくれたんです。

ところが、アトキンスはホテルの部屋で練習しようと待っていたんですね。

そのホテルの部屋は、僕の部屋と彼の部屋が二つ並んでいて、真ん中にシャワー、トイレがあって、両方の部屋を行き来できる通路があるんですが、アトキンスは練習しようとタイツをはいて、自分の部屋で待ってたんです。

ところが、僕の方は朝早く出てしまって、練習時間になっても帰らなかったんです。練習をサボってしまったわけですよ。

そうしたら、アトキンスは一言、「なんで、お前は練習しないんだ」と、怒ったのはそれだけでしたが、それから一週間は口をきいてもらえなかったんです。

普通、日本から知り合いが来たのなら、お前、一緒にめしでも食ってこいよ、ぐらいのことは言うでしょ。僕なら言うと思います。

それが一週間口きかずです。アトキンスの思い出といえば、これがまず一番ですね。

彼はカナダのクリスタルビーチという所に住んでまして、十年ほど前ですが、一度会いに行ったことがあります。

喜んでくれました。僕が有名なレスラーになったということで、よくみんなに言っていたそうです。「馬場はおれが教えたんだ」と話したり、自慢していたらしいですよ。

その死にざまも頑固そのものだったようです。四、五年前のことですが、一人娘から手紙が来ました。

ガンになって、手術をしたんですね。それで、手術が終わって麻酔から覚めて目をあけたら、酸素吸入とかの管が体に通っているわけですよ。

すると、「自分は手術はしない、と言ったんだ」と言って、その管をみんな外してぶん投げてしまって、死んでしまったそうです。

娘さんは、「父は七十七歳になってもレスリングをして、あの世に行きました」と書いてきましたよ。

◆週給百ドルに

アメリカでの僕の武器は、力道山にげたでガンガンやられたりして鍛えた、空手チョップぐらいでした。

そういえば、アメリカでは空手チョップのことをそう言わずに、「柔道チョップ」と言ってましたね。

僕らは、柔道にチョップなんかないよ、と思ってましたが、プロレス放送のアナウンサーなんかが、「柔道チョップ、柔道チョップ」とやるんです。

柔道と空手の区別がつかなかったのかどうか分かりませんが、そういうもんか、と思ってましたけどね。

アメリカの生活も、パンとステーキで平気でした。お米はほとんど食べなかったんですが、別に苦痛でもありませんでした。

中学生の時にモルモン教に入信してからしばらく、茶断ち、肉断ちをしたりしましたし、

「簡単には日本には帰れない」と覚悟してましたから、結局は一年八カ月の長さになったアメリカ武者修行期間中、一度もホームシックになることはなかったですね。

それで、日本に帰ってからも、四十五歳ぐらいまで、アメリカでの修行時代と同じように、パン食が中心で、お米はあまり食べませんでした。

アトキンスに厳しく鍛えられ、技は空手チョップぐらいでしたが、体力はついていたし、認められたんでしょう、アメリカに渡ってから一年近くたった昭和三十七年六月、当時のＮＷＡ（全米レスリング連盟）世界王者だったバディ・ロジャースに挑戦することができました。

このＮＷＡ世界選手権試合は五連戦の予定で、オハイオ州のコロンバスでやったんですが、「なるようになれ」という気持ちがよかったのか、第一戦で勝ってしまったんです。

いったんはチャンピオンベルトを腰に巻いたんですが、この後の第四戦では、興奮した観衆がリングになだれ込んだりしたため、結局、試合は無効になり、ベルトはコミッショナー預かりになってしまいました。

ロジャースは、僕が戦ったレスラーの中で世界最高のレスラーだと思っています。

収入面でも、当時、アメリカのレスラーで年収十万ドル（三千六百万円）を稼いでいたレスラーは少なかったんですが、ロジャースは三十万ドル（一億八百万円）を超す収入のあるレスラーで、別格の存在でした。

このロジャースとの対戦もあって、このころ、僕の週給は百ドル（三万六千円）に上がっていました。

その中から、食料費やアシ代はアトキンスに預けていましたので、大卒の給料には及ばなかったんですが、少しは小遣いもできましたね。

16文キック

僕の技の一つ、「16文キック」を開発したのも、このころのことです。

まあ、開発したと言っても、試合でとっさに出たんです。すぐこれを得意技にしたわけではないんですが、その時に随分効果があったんで、それじゃ、これを使おうか、ということになって考えたことですからね。

確か、昭和三十七年夏のころのことです。

一緒にアメリカに渡ったマンモス鈴木が、観客とのトラブルで先に帰国してしまい、僕と師匠のフレッド・アトキンスとマンツーマンになってからでした。

ニューヨークの試合でした。タッグマッチで、相手がロープの反動を使って吹っ飛んでくるのをよけようとした時、無意識に左足を上げて蹴飛（けと）ばしたという、とっさの動きでした。このキックが相手に思った以上のダメージを与え、フォール勝ちしたんです。

この時に右足ではなくて、とっさに左足が上がったのは、僕が巨人軍の投手時代に、左足を高く上げてピッチングしていたからじゃないかな、と思うんです。

それから、「16文」といったって、足のサイズが日本式の16文（約三八・四センチ）というわけじゃないですよ。それは全然違います。

「16文キック」と名付けたのはあるスポーツ紙なんですが、確か二度目のアメリカ武者修行から帰り、国内を巡業していた昭和三十九年春ごろのことです。

なんで「16文」になったのか分からないんですが、そのころ僕は、ロサンゼルスで買った、僕の足にぴったりのアメリカ製のタウンシューズを履いていたんです。

その底にサイズは「16」と印刷されたラベルが張ってあったんですね。確かめたわけではないんですが、「16」というのは、アメリカの靴のサイズの単位のインチ（一インチ＝二・五四センチ）だと思います。

16インチだと約四十センチになりますが、そのスポーツ紙の記者がそれを見て、「16文」と付けたのかもしれません。

それから僕も、これは得意技にしようか、ということになったんですよ。

だから、本格的に使うようになったのはそれからで、アメリカ修行中は空手と、あとはアトキンスに鍛えられた体力ぐらいでした。

16文キックは胸でもいいんですが、顔に入るのが一番効果的なんです。僕は背が高いから、そういう点では有利な技ですね。

でも、アメリカでは「16文キック」とも何とも、そんな名前は言いませんでしたね。

大体、日本では随分いっぱいいろんな技にそれぞれの名前が付いていますけども、アメリカではそんなにないんですよ。

◆ボボ・ブラジル

この一年八カ月にわたる、最初のアメリカ武者修行で、忘れられないレスラーの一人がボボ・ブラジルです。

彼は日本へ何度も来てますから、日本のファンにもおなじみですが、最初は十九歳かそのくらいの時に、力道山のところに来て、やったらしいんですね。

それでなかなか芽が出なかったらしいんですが、僕がアメリカに渡ってマットを踏んだころには、ボボ・ブラジルはもうニューヨークのひのき舞台で大スターでしたから、僕にとっては雲の上の人でした。

それでニューヨークで、ボボ・ブラジルとのシングルマッチをよくやりましたが、黒人特有のバネというか、体のしなやかさには、それは素晴らしいものがありましたね。

あの大きな体で、あの大きさで、ジャンプ力もすごいもんでした。

なぜ忘れられないかというと、その大スターが、まだまだ駆け出しのグリーンボーイの僕を、リングに上がれば、対等の相手として扱ってくれたんですよ。

レスラーにも意地の悪いのがいます。僕らグリーンボーイを小僧扱いしたり、新人だということでばかにして、試合でもまともにやってくれなかったりね。

僕が全日本プロレスを作ってから、外国人選手を随分呼びましたが、そういうレスラーを呼ぶ気はしませんでした。

でも、ボボ・ブラジルだけは、手加減をしてくれたのではないんですが、こちらが胸を借りるような気持ちでいくと、真っ向から受け止めてくれたんです。

僕らグリーンボーイには、こういうふうにしてくれるのが一番うれしいし、また、ありがたいことなんですね。

ボボ・ブラジルとの試合は、最初はまるで相手にならなかったのが、だんだんいい試合ができるようになり、プロモーターに認められることにもなったし、第一、自信もつきました。

出世のきっかけにもなったわけですが、何よりも勉強になりました。日本に来てからは、荒っぽいラフファイトの印象が強くなったんですが、ニューヨークでやっていたころは正統派でした。

もともと、ラフファイトというものは、正統派を通り越した時に、初めて出てくるものなんですね。

試合の中で、自分がスピードでかわそうと思っても、だんだん年をとってくるとそれがなかなかできなくなる。それで変わってくる。

そういうことから、正統派がだんだん年をとるとともにラフファイトになっていく、というようなことがあるんですよ。

第六章　メーンイベンターに

◇WWA世界選手権

昭和三十七年末に、力道山がニューヨークに乗り込んで来ました。

僕が渡米してから二回目のクリスマスを迎えた時でしたが、僕らの成長ぶりを見るのと、当時の米プロレス界視察を兼ねてだったと思います。

そのころ、僕は会場によってはメーンイベンターになっていましたから、力道山も満足したようで、後でグレート東郷とアトキンスを通じて「帰国命令」が出ました。うれしかったですね。

そして、年が明けて昭和三十八年初めにアトキンスに言われてロサンゼルスに戻ると、東郷が待っていて、「ユーは、来週世界タイトルマッチだ」と言うんですね。当時のＷＷＡ（世界レスリング協会）世界選手権者は、あの覆面の、日本でもおなじみのザ・デストロイヤーでした。

後に日本に来て、プロレスファンだけでなく、すっかり日本中の人気者になりましたが、二月四日にロサンゼルスのオリンピック・オーディトリアム（会館）という所で、デストロイヤーに初挑戦したんです。

デストロイヤーは全身これバネといったレスラーで、日本でもよく見せた「足四の字固め」が得意技でした。

この試合の模様は、UPIサンという通信社が取材して、ロサンゼルス発で世界に流しました。結局、この試合はデストロイヤーの反則で僕が勝ったのですが、「反則勝ちではタイトルは移動しない」という規定があって、タイトル奪取はなりませんでした。

でも、この試合が認められて、二月末に同じオリンピック・オーディトリアムで、デストロイヤーと再戦しました。

この時は、一本目は僕がとったのですが、二本目は両者リングアウトになって、その扱いやルールの解釈などでもめた末、結局僕の負けとなってしまいました。

でも、このころ、僕はメーンイベンターとして、週給こそは百ドル（三万六千円）のままでしたが、一週間に一万ドル（三百六十万円）とかそこいら稼いでいたんですよ。

それは全部、直接僕の所に来ないで、力道山の所に行っていたんですが、こんなことがありましたね。

大試合があると、僕のギャラのチェック、小切手が送られてくるわけです。そのチェックの裏に僕がサインしなければならないんです。

それで、オレは一体どのくらい稼いでいるんだろう、マジソン・スクエアガーデンのギャラはいくらだったんだろう、と表の額面を見ようとしたわけですよ。

そしたら、アトキンスに「お前はそんなとこ見なくていいんだ」としかられたことがありましたよ。

◈凱旋帰国

当時、僕は週に一万ドル（三百六十万円）やそこいら稼いでいましたが、直接もらう週給は百ドル（三万六千円）だったですよね。

それでも、僕としては文句は言えなかったんです。なにしろ、力道山に対する僕らの立場というものは、なんていうんですか、もう問題にならなかったんですよ。

アメリカ修行だって、「ほら、行って来いっ！」、アメリカへ行ったら行ったで、「ほら、金なんてお前たちはいらないよっ！」といったようなもんです。

で、そう言われりゃ、「ハイっ」って、僕らが文句なんか言えない状態でしたからね。

その力道山が、僕が帰国命令を受けて帰る準備をしていた時に、ひょっこりロサンゼルスに来たんです。

その年の春から日本で始まる第五回ワールド・リーグ戦の打ち合わせもあったんですが、そんな帝王のような力道山から、「お前を迎えに来たんだ」と言われ、感激しました。

ロサンゼルスのホテルで、初めて二人で話をしたんですが、この年の初め、婚約を発表していた力道山は「これからは鬼のリキから仏のリキになるんだ」と言ってましたよ。

それに「いつまでも現役というわけにはいかない。引退したらお前に任せる」ということも、言われました。

僕も責任を感じると同時に、二人でしんみり話して、アメリカに渡る前に持っていた力道山のイメージと大分違ってきました。

行く前は鬼のように思えたけど、こうして話してみると、根は優しい人なんだ、と思ったりしましたよ。

帰りは力道山と一緒でした。飛行機の中では、第五回ワールド・リーグ戦に参加する予定の外国人選手たちの力の分析などをやらされました。

力道山とともに日航機で羽田空港に帰り着き、一年八カ月ぶりに日本の土を踏んだのは、昭和三十八年三月十七日夕方のことでした。

そうしたら、空港のロビーは黒山の人だかりなんですね。力道山を迎えに来たファンだと思っていたら、力道山が「お前を見に来たファンだよ」と言うんです。

びっくりしたし、照れ臭かったですよ。

空港特別室で記者会見をやったんですが、その会場にも「MR力道山、MR馬場、凱旋帰国歓迎」と大きく書いた紙が張られてました。こんな晴れがましいのは、巨人軍に入団が決まり、キャンプに参加するため、故郷の三条の駅をたって以来のことでしたね。

記者会見でも、僕が主役だからしゃべれ、と力道山から言われ、質問が僕がアメリカで戦った外国人レスラーのことが中心だったので、一生懸命にしゃべりました。

◆ギャラ五百四十万円

アメリカ修行から帰国した時には、野球を断念してのプロレス入りに猛反対だった母も、迎えに来てくれました。

プロレス入りから丸三年たっていましたが、アメリカでの修行の話を交えて一晩いろいろ話をしました。

母も、ここまで来たらもう仕方がない、とあきらめたようでしたね。

帰国の翌日、日本橋の力道山道場に代わる拠点となっていた、渋谷のリキ・スポーツパレスにあいさつに行きました。

僕がアメリカに渡った昭和三十六年七月一日の直後に、会館が披露されているんですが、僕らレスラーもコンクリート流し込みの作業といった工事を手伝わされたんですよ。

会館を目の前に見て、感無量だったですが、すぐ力道山に社長室に呼ばれました。「アメリカでお前は金をもうけたんだから、金をやる」と言うんです。

それで、「はいっ」てもらったのが一万ドルですよ。

当時としては大変な金額だったですね。当時のレートでいって、何しろ三百六十万円だったですから。

一緒に行ったほかの人たちの場合は、赤字だったそうです。

というのは、飛行機賃を出してもらっているわけで、それを引かれるわけです。

アメリカで面倒を見てくれたグレート東郷が力道山に渡した明細書があって、アメリカでの米とかコンビーフとかの食料代、それにデモンストレーションに使うげたを送ってよこせ、とか、浴衣を送れ、とかやったわけですが、そういったものも、きっちり差し引きしてあって、それで赤字だ、と言われたんですよ。

僕の場合も、東郷と僕の師匠であるフレッド・アトキンスのマネジメント料から洗濯代まできちんと計算されてました。それを見て、「これがアメリカのプロレス・ビジネスなのか」と勉強になったもんです。

でも、僕は実際にはもっと稼いでいたんですから、「たったそれぐらいですか？」と力道山に言ったんです。

すると力道山は、「ちょっと東郷と話してみるから」と言って、その二、三時間後にまた呼ばれて行くと、「じゃあ、お前には一万五千ドルやるわ」と、改めて一万五千ドル、当時の五百四十万円もらいました。

でも、本当は僕は十万ドルは稼いでいたんですよ。で、その金は力道山がオレは結婚するんで、お前ちょっと、金ないから貸せ、ということでそのままもらわなかったんです。

結局、力道山の死後に、日本プロレス興業から清算してもらいましたけどね。

◆後継者の地位

帰国した昭和三十八年三月末から、キラー・コワルスキーをはじめとした外国人レスラーを交えた第五回ワールド・リーグ戦が始まりました。

結果的には、これが力道山の最後のリーグ戦になったんですね。開幕戦は蔵前国技館でした。

帰国した時は、「ミスター馬場」だったんですが、ここで初めて、僕は「ジャイアント馬場」を名乗ったんです。

それで、力道山とグレート東郷とタッグを組んで、パット・オコーナーの組と60分三本勝負のメーンイベントでした。

アメリカでやってきたやり方をそのままやればいい、と思って、僕はマイペースでやりましたよ。

勝負は引き分けでしたが、力道山は「よくやった」と言ってくれました。

でも、僕は勝負そのものよりも、初めてあの力道山とタッグを組むことに緊張しましたね。

そして、翌二十四日には、同じ国技館で、来日した外国人レスラー八選手の中でも、最も強いと僕も認めていたコワルスキーと、45分三本勝負特別試合をやりました。

この試合は、両者激しく動いて45分の時間切れ、引き分けになりましたが、観客が総立ちで拍手と歓声をあげてくれました。

それに、試合終了後、力道山がほめてくれました。

「おう、お前ようやったな。疲れたろう。動きっ放しだもんなあ。うん、ようやった」

力道山がかけてくれた言葉は、こういう順序で、こういう言葉だったんだ、と今でもよく覚えていますよ。

この試合が、僕が力道山の後継者としての地位を獲得した記念すべき試合ではないか、と思いますね。

この後、全国サーキットに出たんですが、移動の汽車では、僕は力道山や柔道出身の遠藤幸吉、吉村道明、相撲出身の豊登にグレート東郷なんかとともに、今のグリーン車、二等車です。

小遣いもありましたよ。何しろ、そのころは一試合一万二千円のギャラをもらうようになりましたから。

東京オリンピックの前の年で、経済は発展していましたが、大卒の銀行員の初任給が二万一千円といった時代です。

付き人もついた僕に、先輩たちのねたみもあったようです。

アメリカから帰国の時に、力道山からお土産を買え、と注意され、ボールペンを買い込んだこともあったんですが、先輩

（左から）遠藤、豊登、吉村と

が試合の中で、腕を折ってしまえ、と僕の相手をけしかけたという話なんかも聞きました。まあ、あまり気にしないでいましたが。

◆一気飲み（上）

こうして全国を回っている時に〝目から火が出る〟思いをしたんです。

全国巡業も終わりに近づいた、北海道・札幌でのことでした。

札幌大会も超満員で、その打ち上げというか、大興行が終わったというんで、力道山がホッとして、取材に来ていた新聞記者を料亭に呼んで宴会をやったんです。

その席には、僕や豊登、吉村、芳の里なんかが出て、新聞記者との付き合いをして、その宴会が終わってからです。

新聞記者がみんな帰るころには、持ち込んだウイスキーもなくなってしまい、力道山が「よし、オレが宿舎の旅館に行って取ってくる」と言い出したんですよ。

そのころ、力道山はジョニーウォーカーの黒、当時の日本で手に入るウイスキーとしては最高級のウイスキーを巡業中に何十本も持たせて旅をしていたんですが、それを取りに帰ったんです。

ところが、僕らの方は「ああ、これでもうお開きだ」と解釈してしまったんです。よくすっぽかされたりしたんで、どうせ、もう力道山は帰ってこないだろうと。それで、みんなで旅館に帰ってしまったんです。

そうしたら、力道山は僕らとは入れ違いに、ジョニ黒を二本持って料理屋に帰ってきた。それなのに僕らがいない。力道山は怒って、持ってきたジョニ黒を一本、玄関でぶん投げて割ってしまったんですね。

その料理屋から電話がかかってきて、「力道山が暴れてるから、だれかなだめに来てください」って言うんです。

それで、僕がやらされたわけですよ。行ったら、力道山が座敷に座り込んでいて、僕がなだめていたら、ウイスキーを出して、「お前、これを飲め、一息だぞ」と言われました。

とにかく、あのころは絶対服従ですから、「いや、できません」なんて言えるもんじゃないですよ。

だから、「ハイ」ってウイスキーのビンを持って、グーっと飲んだんです。

ジョニ黒一本をラッパ飲みですよ。ビンをクルクル回しながら、グイグイとね。

そうするとね、ほんとに目から火が出るんですよ。まあ、これまでもいろいろあったですけど、あれはすごかった。

医者にその話をすると、「普通の人なら死んでしまったところだ。あんた、よく死ななかったなあ」と言われますけどね。パアーっと火が出ましたよ。

それで、そこにいたお手伝いさんに、「水をちょうだい」と言ったら、「水なんかなんだ、このヤロー」と言われて、残っていたビールを水代わりに飲んだんです。

◆一気飲み（下）

札幌でのウイスキー、ジョニ黒の一気飲みで本当に目から火が出たんですが、ウイスキーを飲んだ後のことでした。

なにしろウイスキー一本ゴボゴボですから、のどが焼けるように痛かったんで、水を飲もうとしたら、力道山に怒られ水がわりにビールを飲まされましたが、その間に力道山がお茶漬けを食べ始めたんですよ。

見ると、そのそばに、飲み残した日本酒のトックリが三本あったんです。

それで、せっかく収まったのに、これを力道山が飲んでまた怒ったり暴れられたりしたら大変だ、これは危ない、というんで、それも僕が飲んでしまったんですよ。

その後、お茶漬けを食べ終わった力道山を僕が連れて、そのまま力道山が宿舎にしていたホテルまで送って、僕は自分たちの宿舎の旅館の部屋に帰りました。

僕より酔っていた力道山をホテルの部屋に置いて、自分の旅館に帰ったところまでは記憶にあるんですが、ウイスキー一本にビール、酒ですから、その後どうなったかは、さすがにあまり記憶がないんです。

ただ、人に迷惑をかけた記憶はないし、そういうことも聞いてませんから、やっぱりちゃんと帰って寝たんでしょう。

それで、次の日はやはり札幌の会場で試合があったんですよ。

でも、二日酔いにはなっていなかったし、ちゃんと試合をして、一本目は取られましたが、なんとか勝ちました。

ただ、酒臭いなんてもんじゃなかったらしいですよ。相手の外国人レスラーから、「なんて酒臭いんだ」と言われましたからね。

お酒は飲めばいくらでも飲めます。でも、酔うことがないんです。

だから、酒を飲んでほろ酔いになるとか、いい気持ちになるなんてことは、自分としては経験がないんですよ。

いくら飲んでも酔わないもんだから、お酒があまり好きじゃないんです。

巨人軍の時なんかも、付き合いで飲みました。モルモン教ではいけないんですけどね。

飲んでほろ酔いになるから酒がうまいんだと言いますね。でも、僕にはそれがないんです。だから、全国を試合で回っていても、試合が終わったら旅館で食事が出ますから、それを食べるんですが、そういう時もお酒を飲むことはありません。

まあ、力道山の命令だから、ジョニ黒の一気飲みなんてことをやったんですね。そういう点でも、あの人にはもう逆らえない、すごい存在でした。

◆再渡米

僕が、北海道札幌大会で、力道山にウイスキーの一気飲みをさせられ、目から火が出た第五回ワールド・リーグ戦は、力道山が五連覇して終わりました。

それで、力道山が、田中敬子さんと豪華な結婚式を東京・赤坂のホテルオークラで挙げたのが、その二週間後だったんです。

昭和三十八年六月五日のことです。僕らもそろいの礼服をつくって、参列しましたが、暑い日で、汗がワイシャツを通して染みてきたほどでした。

僕のアメリカの師匠だったフレッド・アトキンスもこのリーグ戦に参加していたんですが、アメリカに帰る時に、「早く帰ってこい」と僕に言って帰っていきましたし、僕ももう一度アメリカに行きたかったんです。

年は若いのにメーンイベンター扱いで、先輩たちのねたみをかっていることもいやだったのですが、力道山も「お前ばかりというわけにはいかないから」と言っていました。

力道山の許しが出て、やっとアメリカに向けて出発できたのが、昭和三十八年十月七日のことでしたね。

一年八カ月の間、アメリカで武者修行して帰って来て、日本には七カ月しかいなかったことになります。

その間に、僕の試合のギャラが一試合一万二千円になってましたから、羽田空港からまた飛び立つまでには、僕は小遣いとして三十万円か四十万円は持っていたと思いますよ。

それをもう出発するまでに、きれいさっぱりと全部使ってしまったんですね。一切がっさいですよ。例えば、三十日休みがあれば三十日キャバレーに行って、遊ぶというようにね。

まあ、それでも、ばかな遊びをしたわけでもないし、豪快に遊んだんでもないんです。

遊び仲間がいまして、これが僕にとって非常に幸せだったことに、女房、子どものいる非常に節度のある人たちで、まあ、この人たちと一緒だったため、悪い遊びというようなことも一切ありませんでしたし、お陰で〝事件〟といったようなものもありませんでしたよ。

その人たちはプロレスの仲間と、自分でお店をやっている人で、今は付き合ってはいませんが、その時一切がっさい金を使ってしまう遊び方というのも、その当時、語り草になったようです。

それでも、無一文だった初めての時と違って、今度は羽田空港をたつ時には、三百ドル（十万八千円）ぐらいは持っていきましたよ。

前はマンモス鈴木、芳の里と一緒だったのが今度は一人でしたが、それでも落ち着いてましたし、日本を離れてホッとしたような気持ちさえしました。

一回目と比べると、大きな違いでしたね。

◆力道山の死

二度目のアメリカ武者修行は、途中ハワイで二週間、島を試合して回りました。

日系人が多いせいか、なかなかの人気を集めたし、ハワイの風景がすっかり好きになりました。もともと海が好きだったので、「こんな所に住めればいいな」と、ハワイに家を持つことを考えたんですね。

後で本当に持つことになるんですが、この時は、二週間のツアーが終わると、僕の師匠だったフレッド・アトキンスの所に直行です。アトキンスはカナダに住んでいました。オンタリオ湖畔の町、クリスタルビーチという、大変な田舎町でしたよ。

ここで僕はおんぼろのドライブインに部屋を借りて、周りには家も見えないような寂しい所に立つアトキンスの一軒家に通ったんです。

着いたらもう冬で、すぐ雪が降りだし、雪国出身の僕も寒さが痛いほどという感じだったんで、もうまいりました。アトキンスの家の地下の道場でのしごきも理詰めで厳しく、ほんとに歩いてでも日本に帰りたくなったもんです。

それで、アトキンスにしごかれながら、トロント、デトロイトなどの五大湖地区のサーキットに出場したんですが、ここではメーンイベンターでしたよ。

昭和三十八年十一月二十二日には、ケネディ米大統領がダラスで暗殺されたんです。日本では日米間のテレビ宇宙中継が始まった第一号のニュースになったそうですが、このケネディ暗殺事件のニュースを、モーテルの自分の部屋でテレビを見ていた時のことだと記憶してます。

グレート東郷から、「力道山がナイトクラブで酔って、ギャングスターに刺された」という電話がかかってきたんですよ。

力道山は十二月八日夜、赤坂の「ニューラテンクォーター」で、そこを縄張りにしていた暴力団の若い者に刺されたんです。

まあ、そんなにびっくりしたり驚いたりしませんでした。最初は、けんかしてケガをしたぐらいだと思っていたんです。

それが十二月十五日に、この時の傷がもとになって腸閉塞を起こして死んだんですね。アトキンスは「力道山が刺されて、死んだ」ということぐらいしか言わなかったんですが、それでも、驚くというよりは、はあ、あの人が死ぬのか、ということの方が思われました。

力道山は「不死身のリキ」なんて言われてましたからね。

まあ、あの時分は、興行界にはやくざというのがしょっちゅううろついていましたし、やくざとの付き合いがありました。興行界では、やくざは秘書みたいなものでもあったんですよ。

◆引き留め条件

力道山の死を聞いて、僕はすぐにでも日本に帰らなければ、と思いました。

そりゃあ、力道山がいなくなった後の日本のプロレス界はどうなるのか、という不安はあったですよ。

そうしたら、師匠のフレッド・アトキンスとグレート東郷が、二人がかりで「アメリカに残れ」と説得してきたんです。

東郷は「力道山が死んだから、日本のプロレスはもうだめだ」の一点張りでした。

それに、ニューヨークのプロモーターだったビンス・マクマホンも一緒になって、僕を日本に帰すまいとして引き留めたんですよ。

そのころ僕は、もうどこでもメーンイベンターを張っていました。それこそ、一週間に一万ドル（三百六十万円）とか、二万ドル（七百二十万円）は稼いでいましたが、東郷が引き留めに持ち出してきた条件というのが、それはすごいもんでしたね。

契約期間が十年で、契約金二十万ドル、それに年収二十万ドル以上を保証するという破格の条件でした。当時のレート、一ドル＝三百六十円で七千二百万円です。
二十五、六歳ですからね。なにしろ、僕は。
当時の大学卒の初任給が二万五千円もあればいいということだったようですし、日本とアメリカの航空運賃が五万円ぐらいだったですよ。確か。

それはすごい金だったですよ。

アトキンスも、「おれがお前を、ＮＷＡ（全米レスリング連盟）世界チャンピオンにしてやる」と言ってくれました。

当時、僕は週給百二十ドル（四万三千二百円）で、小遣いもないほどでしたから、それは大金でしたよ。

でも、全く自分にはアメリカに残るという気はなかったし、帰らなくてはいけない、という気持ちが強かったですから、アトキンスや東郷、マクマホンにもよく説明しました。

自分がアメリカに来たのは、お金を稼ぎに来たわけでもないし、ほかのなにをしようと思って来たのでもない、自分は力道山に言われてプロレスの修行に来たのだから、自分は力道山の後継者として日本でプロレスをしなければいけない、それが前提条件なんだ、とはっきりとみんなに言いました。

それでも、マクマホンからは「なんで日本なんかに帰るんだ。こんなにお金がもうかるのに」とか、どうのこうのと言われましたよ。

大金にグラっとくることもありませんでした。とにかく、僕は帰ることに決めていましたから。当時の日本プロレス協会の状況を考えると、帰りません、と言える状況ではなかったんですよ。アトキンスにそう言うと、アトキンスは分かってくれました。

◆連続挑戦

力道山が死んで、日本に帰らなければとは思ったんですが、すぐ帰ったわけではないんです。まだ、試合のスケジュールが翌三十九年の二月まで残っていたし、帰ってからのこともはっきり聞いていなかったので、そのまま年を越しました。

試合というのは、帰国までの間に、アメリカの三大タイトルに連続挑戦です。

ＮＷＡ（全米レスリング連盟）、ＷＷＷＦ（国際レスリング連合）、ＷＷＡ（世界レスリング協会）の三つです。

まず、デトロイトでＮＷＡ世界選手権者のルー・テーズと戦い、それからニューヨークのマジソン・スクエアガーデンでＷＷＷＦ世界ヘビー級王者のブルーノ・サンマルチノとやって、ロサンゼルスに帰ってからＷＷＡ世界選手権者のフレッド・ブラッシーと対戦したんです。

この時から、アトキンスは、週給百二十ドルをやめて、僕が稼いだ試合のギャラが、そのまま僕の手に入るようにしてくれました。

この三試合だけで確か、僕は二万ドルぐらい稼いだと思います。当時のレート一ドル三百六十円で七百二十万円。あのころの七百二十万円というのはすごいですよ。

当時のメーンイベンターというのは、そのくらい稼いでいたし、誇りも高かったんですね。

当時のアメリカのプロレス興行では、興行収入の五〇%をレスラー側が取ったんですが、メーンイベンターはその何%を取り、セミイベンターが残りの何%、以下何%……というように決まってました。

だから、その日のメーンイベントによっては、レスラーの収入自体が違ってくるんですね。

それで、レスラーたちは、試合の前には「今日のメーンイベントはだれだ？」と気にしたものですよ。

「今日は馬場とサンマルチノだ」というように聞かされると、「うーん、それなら」と言って、敬意を表してくれるんですね。

それが、あまり人気のないレスラーの対戦ということになると、「なーんだ」ということになってしまうんです。

メーンイベンターというのは、最高に誇り高い存在なんですよ。

プロモーターの方も、払いが悪かったり、ちゃんと興行の収入を分けないという評判の悪いのもいましたけどね。

とにかく、当時はプロレスのプロモーターが二十人いたら、全米の二十カ所でプロレスをやっていました。

プロ野球は二カ所ぐらいしか試合をしていなかったのに、プロレスは毎日やってましたから、盛んだったですよ。

◆MSGでの一戦（上）

力道山が死んで、日本に帰るまでの間、アメリカの三大タイトルに連続挑戦というスケジュールが、まだ残っていました。

ＮＷＡのルー・テーズ、ＷＷＷＦのブルーノ・サンマルチノ、ＷＷＡのフレッド・ブラッシーとの対戦ですが、中でも一番思い出深いのは、ＷＷＷＦ世界ヘビー級王者、サンマルチノとの一戦でした。

場所は、ニューヨークのマンハッタンにある、「スポーツの殿堂」といわれたマジソン・スクエアガーデンです。

ここは当時、米プロレスのメッカで、ここでメーンイベントをやるのが、プロレスラーにとって夢だったんです。

現在の建物は後で新装なったもので、当時は古めかしかったですが、メッカと呼ばれるのにふさわしい、なかなか貫禄のある建物だったことを覚えています。

その建物でメーンイベントができるということも感激でしたが、相手がなにしろ、後に「人間発電所」と呼ばれたブルーノ・サンマルチノだったから、余計感激したし、感無量でしたよ。前にも書きましたが、サンマルチノとは駆け出しのグリーンボーイ時代、ニューヨークでの試合の前、控室のすみっこで二人で小さくなっていた仲です。

ニューヨークのジムに二人で練習に行っては、カタコトの英語で、「今だれが強いんだ」とか「おれたちもあんなになりたいなあ」なんてやってたんです。

それがつい、二年ぐらい前のことでしたからね。

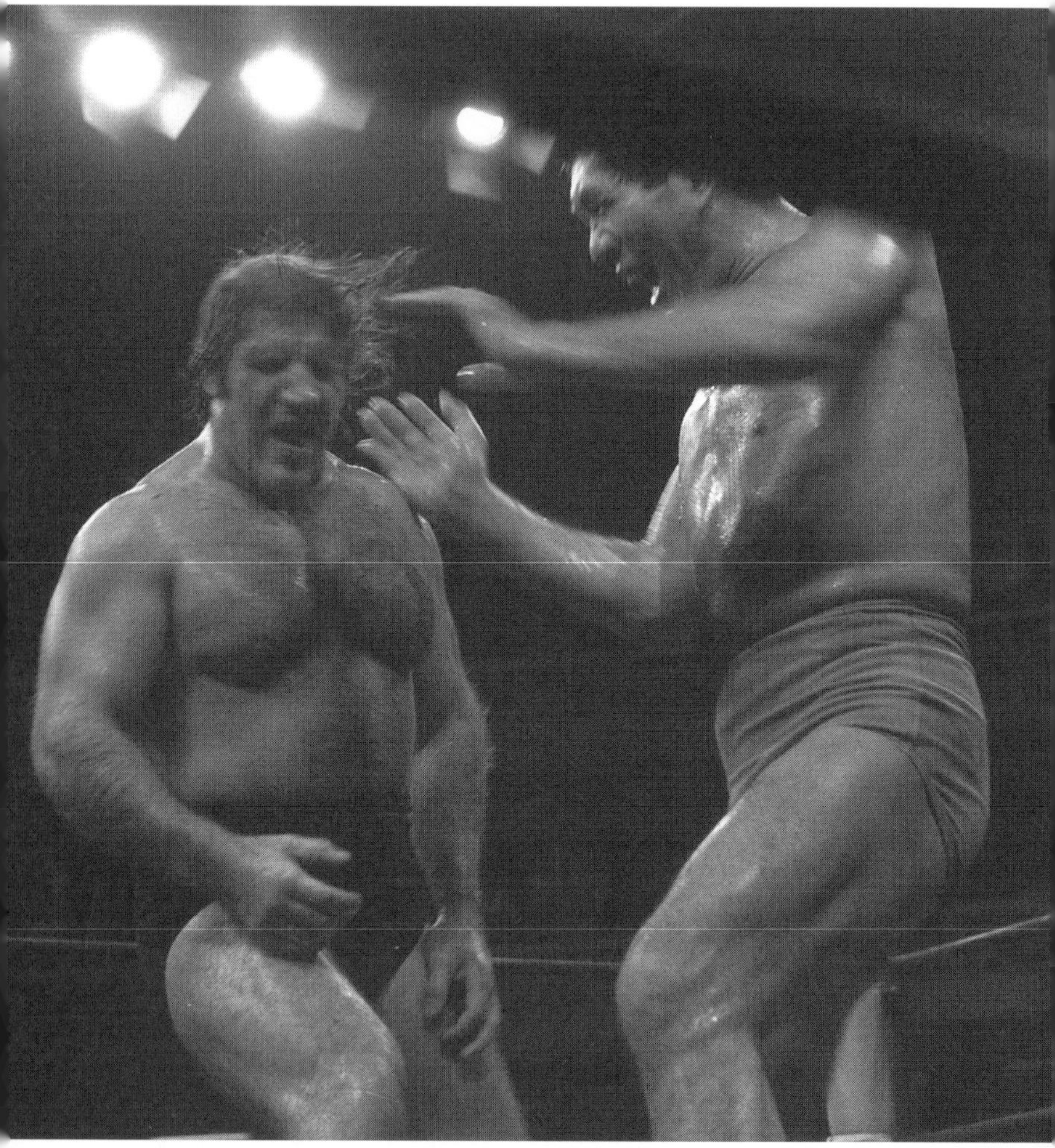

サンマルチノに張り手を見舞う＝1972年10月、日本大学講堂（東京）

その二人が、あのマジソン・スクエアガーデンでのメーンイベントですから。サンマルチノが、前の年の昭和三十八年五月にやはりこのマジソン・スクエアガーデンの選手権試合で、ＷＷＷＦのチャンピオンになったことは、もちろん知ってましたよ。それはそれでうれしかったですね。

それが、まだまだグリーンボーイの時代に、「僕らも頑張ろうぜ」と二人で言い合いながら練習したことがあるんですから、懐かしいというか、もううれしくて、勝ち負けは抜きという気持ちでした。この時だけはね。

当日、マジソン・スクエアガーデンは超満員でした。

アメリカのレスリング界としては、イタリア人と日本人の対決ということだったんです。ニューヨークには、日本人や日系人はあまりいませんでしたが、イタリア人は割合いっぱいいましたから、一番上の三階の客席まで埋まっていました。

◆MSGでの一戦（下）

ニューヨークのマジソン・スクエアガーデンでの、ブルーノ・サンマルチノとのタイトルマッチは、昭和三十九年二月十七日のことでしたが、メーンイベントが始まる前、客席に行ってみたんですよ。

ちょうど、前座の試合が始まっていました。一番上の三階の客席まで上がると、リングが小さく見えました。

その前座の試合をしているのが、僕が二年半前に、初めてこのニューヨークにきたころは、そばにも寄れなかったような先輩レスラーたちなんですよ。

それが日本人として初めて世界タイトルマッチをやるんだ、と思うと、感激したし、体が震えてきましたね。

「このマジソン・スクエアガーデンで、あいつと、サンマルチノとおれが、メーンイベントだぜ」という感じでした。

試合は午後十時四十五分にゴングが鳴って、僕が空手とキックで攻め、サンマルチノがさば折りで応酬するというやりとりが続きました。

ところが、十一時になって試合終了です。ニューヨーク市条例にある、十一時以後プロの興行は打ち切り、という決まりで、試合が打ち切られたんです。

結局、このタイトルマッチは、規定で僕の負けということになってしまいました。

まあ、この試合は、僕は初めから勝ち負け抜きでしたから、勝敗については全然考えもしなかったんですけどね。

サンマルチノは、この後もこのマジソン・スクエアガーデンを舞台に、ＷＷＷＦの全盛時代をつくり、昭和四十六年に敗れるまで七年八カ月の間、世界ヘビー級チャンピオンとして君臨したんです。

サンマルチノは、昭和四十二年に来日、僕が当時持っていたインターヘビー級王座をかけて二度戦いました。

この時は二度とも引き分けでしたが、サンマルチノとの友情と交流については、まだずっと続くんですよ。

ニューヨークでこの対戦が、僕の師匠・アトキンスの、僕に対する最後のマネジメントになりました。

前に僕は、当時週に一万ドルとか二万ドルぐらいは稼いでいた、と書きましたが、このサンマルチノとのメーンイベントのギャラは、確か約六千八百ドルでしたよ。

当時のレートで約二百四十五万円です。レスラーはやはりメーンイベンターでなければ、と思いました。

アトキンスは、僕が日本に帰る気持ちを固めていても、練習でしごくことも、いい試合をマネジメントするというやり方も変えませんでした。

第七章　プロレス戦国時代

◆帰国

ニューヨークのマジソン・スクエアガーデンでのＷＷＷＦ世界ヘビー級王者ブルーノ・サンマルチノとの対戦は、僕の負けということになりました。

昭和三十九年の帰国前三連戦のうち、ＮＷＡ世界王者ルー・テーズとの試合は、デトロイトでした。「プロレスの神様」といわれるテーズが相手ですから、負けてもともと、とこちらは開き直ってましたよ。

結果は一分け一敗。でも、「世界のテーズ」とやってこの結果ですから、大きな自信になりましたね。

それから、ＷＷＡ世界選手権者フレッド・ブラッシーとは、二月から三月にかけて、ロサンゼルスで二度にわたって対戦しました。

ブラッシーは昭和三十七年春の第四回ワールド・リーグ戦の時に来日、「吸血鬼」の名前の

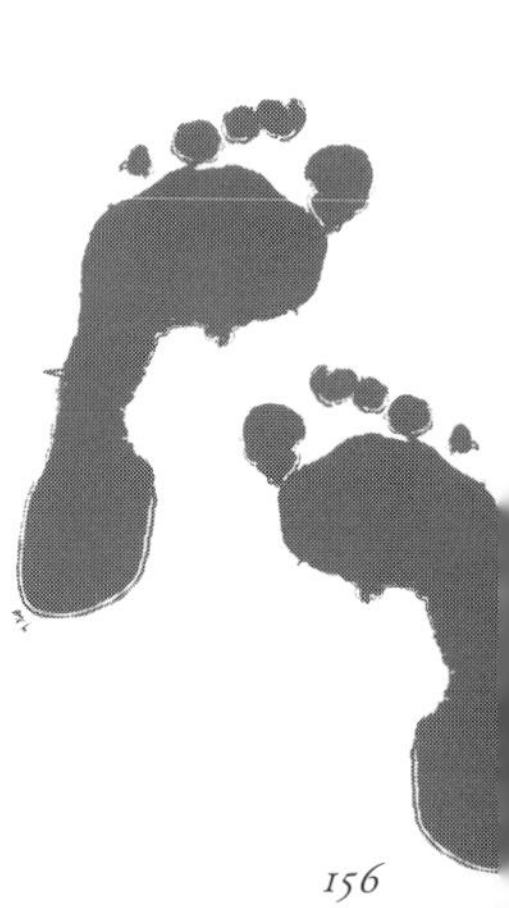

通り、相手の額にかみついて血だらけにし、テレビで見ていた女性がショック死したりしたのは、この時のことです。

僕はちょうどアメリカ修行中で、それは知らなかったのですが、試合は反則負けにされてしまい、二戦とも負けてしまいました。

後で聞いたことがあるんですが、あのブラッシーの前歯三本は入れ歯なんだそうですよ。それで、ヤスリでゴシゴシ磨いているなんて言っていたんですね。

普通の歯なら、ヤスリでガーガーやれるわけがないですよ。入れ歯ならヤスリで磨けますが。かみつく時は、ほかの本物の歯でかむんです。僕もやられたことがありますけど。

こうやって、三つの世界王座に連続して挑戦したのは、本場のアメリカでも珍しい、ということで、当時、話題になったそうです。

それが今では、アメリカのマット界での伝説になっているようですよ。

この三試合の間に、ニューヨークに飛んで来た先輩の遠藤幸吉と会い、遠藤から「日本プロレス興業はお前を必要としている。帰国して春からのワールド・リーグに参加してほしい」と言われました。

力道山亡き後の日本プロレス興業は、遠藤に豊登、芳の里、吉村道明の四人の幹部が合議制で運営していくことになった、ということも、このころ知らされました。

遠藤は、相撲の横綱出身の東富士が引退した後、力道山とタッグを組み、活躍した人ですが、アメリカで引き留められている僕を連れ戻しに来たんですね。

ギリギリまでアメリカで試合に出て、羽田空港に着いたのが、四月三日のことでした。空港からリーグ戦初日会場の蔵前国技館までの車の中で、洋服を着替えるという慌ただしさでしたよ。

◆三条での初防衛

僕が力道山亡き後の第六回ワールド・リーグ戦に間に合うように、アメリカから帰国した昭和三十九年は、十月にアジアで初めてのオリンピックが東京で開かれた年でした。

この年、僕と豊登が組んで、アジア・タッグ選手権の王座につきました。

豊登は、力道山亡き後、日本プロレス興業が力道山の後継者として押し立てていた人です。

相撲の十両で優勝して幕内入りし、前頭十五枚目まで行ったんですが、昭和二十九年九月場所を最後にプロレス入りして、体はあまり大きくなかったけれど、力がありました。

まあ、この人は大先輩でしたが、なかなかの人で、百万円持っていると九十九万九千円をギャンブルで使ってしまうといった人でしたね。

アジア・タッグ選手権は、力道山が死んだ後、空位になっていたのを、一時、豊登・吉村組が取り、それをまたキニスキー・ハリケーン組に奪われていたんです。

　五月の札幌大会で、豊登とのコンビでチャンピオン組に挑戦、16文キックを飛ばしたりして勝ちました。日本での僕の初めての戴冠というわけでした。

　この年はまた、首都高速道路も完成、東海道新幹線が開業したり、オリンピック記念1000円銀貨が発行されたりで日本中が沸いていましたが、僕にとって思い出になっているのは、七月二十三日に故郷の新潟三条でやった試合です。

　三条の試合は、アジア・タッグの初防衛でした。場所は、巨人軍入団で中退してしまった三条実業高校の校庭です。

　プロ野球目指して懸命に練習したそのグラウンドにリングを作りましたが、学校の後ろが川で東側が田んぼなんですよ。

アジア・タッグ選手権王座のトロフィーを豊登と掲げる＝1964年8月、大阪府立体育会館

そこを試合が始まる前からお客さんが歩いて詰め掛けてくるんです。あんまりいっぱい来るんで、途中で「もう来ないでくれ」と声をかけようかと思ったぐらい、結構入りましたね。

これがうれしい悲鳴というやつだな、と思いました。それより、あんまりお客さんが来過ぎて事故でも起こったら大変だな、とそっちを心配していました。

校庭を埋めたお客さんの中には、母校の制帽をかぶった後輩の姿もありました。両親はこの時は、来なかったんですが、親戚や家族、知り合いも顔を見せ、僕もチャンピオンベルトを締めてリングに上がり、大きな拍手を浴びた時はやっぱり感激しましたね。

試合は、僕も張り切って2－0で勝ち、初防衛に成功しました。

◆「TB砲」

兄弟子の豊登と組んでアジア・タッグ選手権を取り、その後のワールド・シリーズもうまくいきました。心配されていた、力道山亡き後の日本プロレス興業の運営が軌道に乗って、ホッとしましたよ。

豊登とのコンビは、二人の頭文字を取って、「ＴＢ砲」と呼ばれ、日本プロレスの看板になりました。

力もありました。昭和三十九年は一度も負けなかったんですから。

僕も豊登とのコンビは気が楽でした。前に帰国した時は力道山と組みましたが、力道山とのタッグは、パートナーとしてヘマをしてはいけない、と緊張しました。

それに、試合でも、相手は力道山の空手チョップがいやだから僕の方に攻撃を集中して来る、ということで、シンドかったですよ。

それが豊登とのコンビだと、アメリカでは僕の方が有名でしたから、僕に攻撃集中ということもなかったですしね。

力道山は、もうオールマイティーの太陽のような存在だったんです。レスラーもみんな、力道山の前では、緊張していました。

試合にしても、力道山という人は、今の僕らに言わせるとですよ、そんなに技があるわけじゃないし、スピードもそんなになかった、と思いますよ。

それじゃあ、なんであそこまでいったかと言うと、あの人には、自分がやらなければ日本のプロレスはもうだめなんだ、という、その気力がありました。

それだから自分は負けちゃいけない、負けられない、というその気力。その気力だけで、あそこまでいった、と僕は思うんですね。

それが突然、その太陽が消えてしまった。なら、みんなでやらなければならない、ということになって、それで仲間意識で伸び伸びとやっていましたよ。当時は。

このころ、NETテレビ（現テレビ朝日）が僕のことを「16文の青春」というタイトルで取り上げました。

僕の武器の一つである「16文キック」から取ったんですね。そのころから、「16文キック」が僕の代名詞みたいになりました。

翌年の四十年の新春シリーズでアジア・タッグ王座の防衛記録を七回に伸ばした後、二月に僕はまた渡米しました。

今度は自分から希望して、一人で古巣のロサンゼルス地区を遠征したかったんです。

遠征中に「16文キック」を本格的な技にしようと磨きをかけ、一緒にもう一つの僕の得意技である、「32文ロケット砲」と呼ばれる「32文ドロップキック」という技も身につけました。

◆32文ロケット砲

僕の強力な武器になった「32文ドロップキック」は「32文ロケット砲」と呼ばれましたが、

「16文キック」の延長で開発したんです。

帰国した昭和三十九年九月末には、「16文キック」が僕の代名詞のようになっていましたが、試合でキックを出そうとして、相手に読まれたり、自分でバランスを崩したりしていたんで、磨きをかけて完成させようと思ったんです。

それで、ロサンゼルス滞在中に、空手や柔道を教えていたジョージ土門のジムに行って、空手を教えてもらいました。

このジョージ土門というのは、ピストルを日本に持ち込もうとして捕まった男ですが、彼はロサンゼルスに大きなジムを開いてました。

ジムの二階には、室内競技場ではないんですが、一周四〇〇メートルぐらいのトラックがあって、その下にはプールもありましたね。

ここで空手の蹴りを習って、コツを覚え、「16文キック」を完成させ、それ以後、自信を持ってやれるようになりました。

それで思いついたのがドロップキックです。ドロップキックというのは、相手の顔ぐらいまで高く跳び上がって両足をそろえて蹴るわけですから、大きなレスラーのできる技とは考えられなかったんですね。

でも、「16文キック」のタイミングで跳び上がればできるんじゃないか、と思ったんです。

ロサンゼルスで弟分のようにしていたレスラーが手伝ってくれました。砂を詰めたバスケットボールの球を彼が手で差し出し、それを僕が跳び上がって両足で蹴るんです。跳び上がるから、落ちた時に受け身をしなければいけない。その時の体を反転させてマットに落ちるコツ、受け身の仕方を彼が教えてくれたりして、結局、二カ月ぐらいかかりましたよ、マスターするまでには。

このドロップキックを出した時には、相手のレスラーもびっくりしました。

何しろ、体重一三〇キロを超える人間、身長二メートルを超える人間が両足をそろえて跳び上がるんですからね。そんなことはそれまで、まずなかったんです。

跳ぶというのは、随分エネルギーがいるんですよ。瞬間的に、パッと跳ばなければならないんですから。

跳ぶぞ、跳ぶぞ、ほら跳んだ、じゃかわされてしまいますからね。

その代わり、かわされてマットにドシンと落ちた時のショック、ダメージというのは随分きついですよ。

このダメージは、体が大きければ大きい人ほど、目方のある人になればなるほど、きつくなってきますね。

◆馬場時代に突入

僕がアメリカに行っている間に、日本のプロレス界は大騒ぎだったようです。警視庁から、プロレス興業と暴力団とのつながりが指摘され、それと同時に、それまで使っていた市や県の体育館から「公共施設の使用を認めない」と、シャットアウトされたんです。僕は幹部ではなかったんで、直接は知りませんが、幹部はみんなあわてたようですよ。

現在も、試合の会場は公共の施設が多いんです。それが、暴力団と関係があったりしたら、公共施設を管理している地方自治体は貸してくれやしませんよ。

今では、何かの記念の時なんかに、町の主催でプロレスをやることもあるぐらいです。まあ、その時は、観客がいつものようにファンじゃないので、なんとなく盛り上がりが足りなかったりしますが。

公共の施設を使う時は、床や壁なんかを傷つけたりしないように、場外乱闘も禁止です。壊したり傷つけたら、次から貸してくれませんからね。

今は僕も全日本プロレスの社長ですから、こんなことも気にしていますが、当時はレスラーとして試合だけをやっていればよかったんで、良い時代でした。

この年の昭和四十年十一月には、インターナショナル選手権の王座に就きました。

インターナショナル選手権は、力道山が昭和三十三年八月にルー・テーズから奪ったもので、力道山の永世タイトルのようになっていたのを、復活させたんです。

「選手権争覇参加資格シリーズ」というのをやって、五戦を3勝2引き分けで終えた僕が、インターナショナル選手権をかけて戦った相手が、ディック・ザ・ブルーザーでした。

当時、「地球一のタフガイ」と自称していたブルーザーとは、アメリカで会っていました。筋肉の塊のようなレスラーで、「メガトン・パンチ」をたたき込んでくる、まるでけんかのような試合は見たこともありました。

そんな相手なんで、こっちも緊張してましたね。タイトルマッチは二戦やる契約になっていて、最初の大阪での試合では、反則勝ちしてタイトルを取りました。

反則勝ちというのはあと味が悪いもんですよ。レスラーはフォール負けするよりは、反則で負けた方がいいとわざと反則負けになったりするんですが、相手の反則で王座を取ったというのもいやなものです。

再戦の東京・蔵前国技館大会では、「32文ドロップキック」を飛ばしたりして、引き分けで初防衛に成功しました。

スポーツ紙は「日本のプロレス界は馬場時代に突入」と書いてくれました。力道山の門をたたいてから五年七カ月、僕は二十七歳でした。

インターナショナル選手権の王座に就き、ファンに応える＝1965年11月

◆豊登辞任――独立

豊登との「ＴＢ砲」は、翌昭和四十一年、解消されてしまいました。豊登が、この年のはじめ、力道山から引き継いだ日本プロレス興業社長を辞任、たもとを分かったからです。

豊登は十月にアントニオ猪木とともに東京プロレスを旗揚げ、また、幹部だった吉原功も日本プロレスから離れて独立、国際プロレスを設立しました。

日本のプロレス界は、このころから以後、分裂、独立、合併を繰り返すようになるのですが、日本プロレス興業はこの時に、サンダー杉山、グレート草津、ラッシャー木村といった若手を豊登と吉原に連れていかれたんですよ。

豊登の独立で、わが日本プロレス興業も新体制になりました。代表取締役が芳の里、取締役が吉村道明、遠藤幸吉といったところで、僕も取締役になり、選手会長を務めることになりました。

吉村さんとは豊登の後にタッグを組みました。この年十一月には、吉村さんとのコンビで、インターナショナル・タッグの王座を取っています。

この人は当時のプロレスラーとしてはまともなきちんとした人で、この人なら、とよくいろいろ話をしたり、相談したりしましたよ。

こうしたゴタゴタがあっても、選手会長になっても、僕は試合さえしていたらよかったんで、社長の今から思えば気楽でしたね。

この年は、僕は帰国後住んでいた渋谷の小さなアパートから、赤坂にあった力道山ゆかりのリキ・アパートの最上階に引っ越しました。

ここはかつて力道山が住んでいた、力道山の「城」だったところです。「チャンピオンとしてアパートでは」ということだったんですが、広過ぎて落ち着かなかったりしましたよ。

結局、このリキ・アパートには二十七年ぐらい住みました。今は人手に渡ってしまい、名前も変わっています。力道山ゆかりのものはみんな取られてしまいましたね。

この年はまた、「プロレスの神様」、ルー・テーズからインター王座の挑戦を受けた年でした。最初はテーズとはアメリカでやりました。何しろ、ルー・テーズと言えば、力道山との名勝負がありましたよね。

だから、僕としてはあこがれの人でしたから、ルー・テーズという名前を聞くだけで、もう、震えるというような感じでした。

レスラーとしても、体が柔らかく、技や動きにスピードがあるし、総合的にもうすごい人、大変なレスラーだったと言えますね。

大阪府立体育会館での対戦では、首投げをしつようにかけ、とうとうテーズを押さえ込み、フォール勝ちしたんです。

あの神様ルー・テーズからフォール勝ちしたんだ、とこの防衛戦はうれしかったですね。

◆力道山抜く防衛記録

豊登とのパートナーが、豊登の独立で解消した後、吉村道明さんと組み、インターナショナル・タッグ選手権王座を奪取しました。

ところが、吉村さんは昭和四十二年十月の王座防衛戦で肋骨（ろっこつ）を痛めてしまい、挑戦者に敗れ、とうとうわれわれは王座も失いました。

その時、吉村さんが代わりに、と指名したのがアントニオ猪木だったんです。

猪木は豊登とともに、一度は日本プロレス興業から去ったんですが、この年の四月、豊登の東京プロレス崩壊で戻って来ていたんですよ。

猪木は若さでさっそうとしていました。それに、演出の派手さはそのころからずば抜けていましたね。

まあ、技術なんかはプロレスラーとしてみんなと同じようなものじゃないかと思いますよ。

世間のランクとしては、やはり豊登が一番でしたね。

猪木と組んで、インター・タッグ選手権奪還に成功したのが、翌四十三年二月のことでした。

そのころから、今度は「ＢＩ砲」と呼ばれるようになったんです。

当時の日本プロレス界は、東京プロレスの崩壊後、僕らの日本プロレス興業と国際プロレスの二団体が対立する時代になりました。

日本プロレスと国際プロレスとの興行戦は、「大阪夏の陣」とか「隅田川決戦」と言われたほど激しいものでしたよ。

日本プロレスの試合は、日本テレビがずっとレギュラー放映してきましたが、国際プロレスの方もＴＢＳがレギュラーで放映することになり、余計人気争いがし烈になったんです。

このころから、日本プロレスの中で、「馬場派」とか「猪木派」と色分けされるようになってきましたね。

でも、タッグを組んでいてやりにくい相手というわけではなかったですよ。

猪木とは結局、昭和四十六年末まで三年十カ月にわたってコンビを組むことになりました。猪木は、僕と張り合ってきましたが、張り合ってくればくるほど、僕も力を出しましたからね。

四十三年二月、僕は東京体育館大会でインター王座の防衛を果たし、僕にとって二十回目の防衛となったんです。

力道山の防衛記録が十九回でしたから、ついにあの力道山を抜いたんですよ。

もっとも、僕には記録という意識が全然ないんです。後の三千試合や五千試合出場の時のように、ああ、そうかと思うだけだったんですけどね。

僕は当時三十歳になったばかりです。プロレスが面白くて仕方がなかったですね。年間二十四回のタイトルマッチに出場するという、僕のレスラー生活最多でしたが、一向に苦になりませんでした。

◆好敵手・ドリー

このころの試合で、よく覚えているのは、昭和四十五年七月三十日に大阪府立体育会館でやったドリー・ファンク・ジュニアとの一戦です。

ファンク一家はプロレス一家で、ドリーが来日した時には父親のシニアがついてました。弟のテリーも来日しましたし、ＮＷＡ（全米レスリング連盟）チャンピオンになっています。ドリーは、平成四年の全日本プロレス世界最強タッグ決定リーグ戦にも参加してくれた、僕の生涯の好敵手の一人です。

前年の昭和四十四年二月には、ＮＷＡチャンピオンとして君臨していた「戦うチャンピオン」、ジン・キニスキーから王座を奪還したばかりでした。

その年の十一月に初来日した時には、僕はＮＷＡ王座に挑戦しています。

ドリーと並んで記者団にコメント＝1985年12月、愛知県体育館
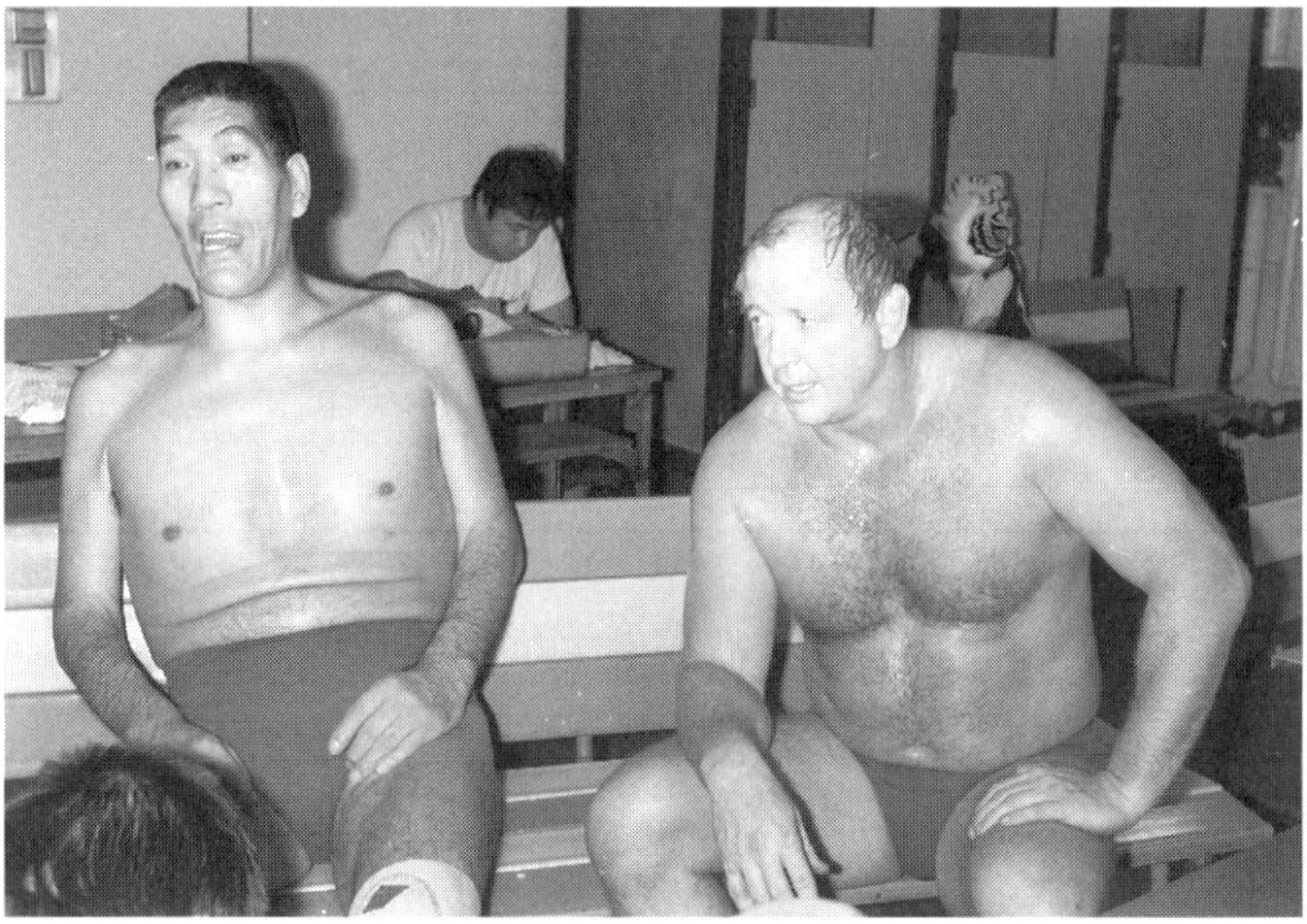

ドリーは柔らかく弾力のある体で、僕の攻撃を跳ね返したり受け流したりで、僕も、これならあのキニスキーに勝てたはずだと納得しましたよ。この時は60分をフルに戦って、時間切れ引き分けでした。それで、大阪での試合の方は、僕のインター王座にドリーが挑戦したんですが、なにしろ夏の大阪ですよ。

当時のことだから、冷房なんかありません。場内は超満員。テレビのライトが照らしているしで、リングではマットが熱いほどだったですね。

そこで一本ずつ取り合った時には、暑さで二人ともスタミナがなくなり、リングから転落したままはい上がれず、52分35秒戦ったところでリングアウトで、またまた引き分けになってしまいました。

この時、意識がもうろうとしたまま、僕は思わず「お母さーん」と心の中で叫んでましたよ。

それでも、新聞記者が待ってるからと控室までかついで連れていかれて、その後、タイツや靴をはいたまんまふろ場へ行って、そのまま寝転がってしまったんですね。

それで、ホースで水をジャージャー出してもらって水を飲んでいる間に、みんなが上からホースでドンドン水をかけるんですよ。まるでマグロみたいだったですね。

しかし、ドリーはぴったり息の合ういい試合ができる相手でした。ブルーノ・サンマルチノは友人だったですが、試合相手としてはやりにくい相手なんです。

なにしろ、全く力だけの選手ですし、コロコロ太ってますし、筋肉隆々で筋肉はカチカチだし、そんなにうまいと思うほど、技があるわけではなかったですしね。

まあ、ほんとにいい試合ができるという、やりやすい相手というのは、ドリーのほかはキニスキーとNWA王座に就いたことのあるハリー・レイスぐらいでした。

◆猪木の旗揚げ

日本プロレス興業の試合は、日本テレビがずっとレギュラー中継してきました。しかし、昭和四十四年七月から、NET（現テレビ朝日）も放映に加わることになり、二局で中継することになったんです。

それで、日本テレビの方は、ワールド・リーグ戦の公式試合と僕の試合を独占中継、その代わりにＮＥＴの方は、この年の第11回ワールド・リーグ戦で初優勝して、当時、勢いに乗ってきた感じのあった、アントニオ猪木をエースに押し立てました。

それで日本テレビには馬場が出て、それに猪木も出るけど、ＮＥＴの方には、馬場は出ないで猪木だけしか出ません、ということで両方が放映してやるようになりました。放映権料は両方からもらえて、日本プロレスはもうかったわけです。

ところが、事件が起こったんですよ。四十六年十二月、猪木は、日本プロレス興業から、「会社乗っ取りを図った」ということで、除名処分にされてしまったんです。その前に猪木は、会社の改革をやろうというように、僕にも働きかけてきましたが、僕はそれに乗りませんでした。

猪木は除名になってからすぐの翌四十七年一月には、新団体「新日本プロレス」の旗揚げを打ち上げました。

これに、一時引退した豊登も参加、三月には新日本プロレスが旗揚げしたんですよ。

猪木が除名になって、新団体設立に走って困ったのはＮＥＴです。押し立てていたエースがいなくなったんですからね。

それでＮＥＴは、代わりに馬場をなんとか中継に出すように、と日本プロレス興業側に働きかけたんです。

そうしたら、幹部がそれに乗って、四月のワールド・リーグ戦の第四戦、新潟大会の生中継をするよう決めてしまいました。中継については、ＮＥＴは猪木だけ、という最初から約束があるのにですよ。

僕はそのことを幹部に言いました。日本テレビも警告したんです。

日本テレビにしてみたら、また、ずっとスポンサーをしてきた三菱電機にしても、ＮＥＴと同時中継になって同じ試合が放映されるんじゃ意味がない、同じ試合が映るんでは放映する価値がない、ということになりました。

日本プロレスはスタートから、日本テレビと三菱電機という二社にお世話になって今日まで来た、というのが僕の考え方なんですね。

だから、日本プロレスの幹部に「そんなことをしたら、日本テレビは放映をやめてしまいますよ」と説得しました。日本テレビの方にも、「そう言わんでちょっと待ってください」とお願いしたんですよ。

◆テレビ中継打ち切り

日本テレビの方は、「ＮＥＴが中継するようならこちらはやめる。約束を守らない、そんなあほな考えの連中とは話ができん」という態度でした。

それで僕は、「僕の試合をNETに中継させたら、日本テレビは放映をやめてしまう。なら、ここで10チャンネル（NET）をやめて、日本テレビ一本でいきましょう」と主張しました。

その一方で、日本テレビに対して、僕は「やめるなんてそんなことを言わんで、ちょっと待ってください」と言ったんですよ。

でも、日本プロレスの幹部は聞きませんでしたね。「まあ、日本テレビもそう言うけど、NETに中継させたってやめやしないだろう」という考え方だったんですよ。

当時のテレビのプロレス中継の視聴率が割合良かった。だからやめないだろう、と思ったんですね。

こんなことがあったもんですから、あれから二十年以上たちますけど、僕は10チャンネルのテレビ番組には一度も出たことがない、10チャンネルのブラウン管に乗ったことがないんですよ。

そういう点では、10チャンネルはしっかりしていると思います。それか、僕はよほど憎まれてるんでしょうね。

まあ、それはともかく、僕がいくら言っても日本プロレスの幹部は、「なんとかなるよ」という態度で、とうとうNETに、四月三日の新潟大会を生中継させてしまったんです。

僕は日本プロレス所属の選手ですから、日本テレビとの約束を守るためにといって、試合をボイコットしたりするわけにはいかない。

「二度とNETが中継する試合には出ない」と幹部に宣言しておいて、試合に出ました。そして、五月十二日のワールド・リーグ戦の最終日、東京体育館の優勝決定戦で、ゴリラ・モンスーンと対戦、32文ドロップキックを飛ばし、逆エビ固めでギブアップを奪いました。

これで僕はワールド・リーグ戦三連覇、そして、リーグ戦通算V6でしたが、喜んでいるわけにはいきませんでした。

三日後、日本テレビは記者会見して、日本プロレスの試合中継打ち切りを宣言したんです。その時、日本テレビ側は「日本プロレスの幹部はもっと良識のある人たちと思っていたが、子どもみたいな感覚だ」と厳しい態度でしたよ。

結局、このワールド・リーグ戦の優勝決定戦は、日本テレビの中継の最後の試合になってしまったわけです。

第八章　全日本プロレスを設立

◆独立宣言

僕は、ＮＥＴの中継を日本プロレス興業の幹部が決めた時に、もうこの会社にはいられないな、と思っていました。

でも、すぐに日本プロレス興業を飛び出し、独立したわけではないんですよ。リーグ戦が終わってから、坂口征二を連れてアメリカに遠征、インター・タッグ王座を奪還したりで、独立を宣言したのは日本テレビが中継をやめた約二カ月後の七月二十九日でした。

それまでに、日本テレビの方から、「まともな団体なら放映を再開してもいい」という話を聞かされ、独立に踏み切ったんです。

約束を守る、契約を守るというのは、普通の大人、社会人としては当然のことですよね。約束は守んなきゃいけない、ということしか僕の考え方にはないんですね。できないものは約束するなよ、ということですよ。

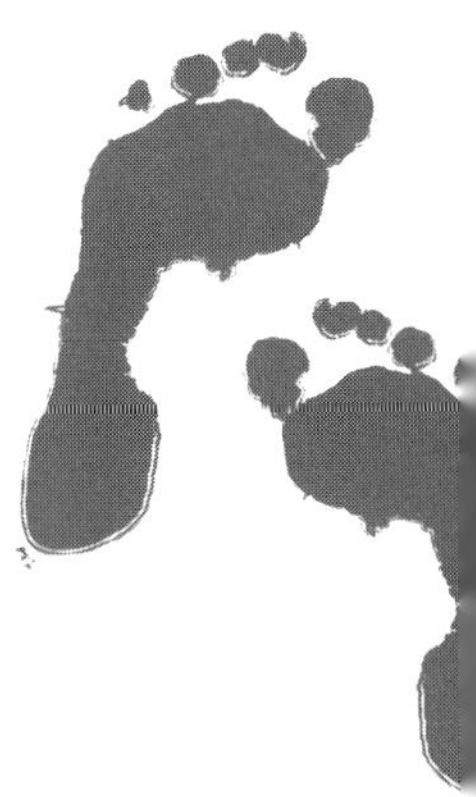

約束を破ったり、契約違反をしたら、もう何を言われてもしようがないですね。契約を交わしたその内容通りやってるんだったら、少々はなにかあっても、そんならまあ文句はないよ、ということになるんじゃないでしょうか。

僕はそう思っていますよ。それでずっとやってきましたしね。

日本プロレス興業に辞表を提出して、独立を発表したのは、ちょうど、夏のサマービッグ・シリーズが開幕してすぐのことでした。

そんな時期に発表したのは、辞表が握りつぶされたりして、あいまいになってしまわないようにと思ったからです。

だから、独立後の会社の名前とか準備もほとんどしていませんでしたし、シリーズのポスターにも僕の名前が載っていたんですよ。

ポスターに名前がある以上、試合をボイコットしたりするのは、プロとして、してはならないことです。

僕はそれから約二十日間のシリーズに出場しました。別に嫌がらせとかはありませんでしたが、なんとなく雰囲気が違っていたことを覚えていますね。

そして、八月十八日の宮城・石巻大会で、大木金太郎と組んで外国人チームとやったのが、日本プロレス興業での最後の試合でした。

試合は勝ちました。僕が日本プロレス興業からデビューしたのが昭和三十五年九月三十日ですから、約十二年たったわけです。海外での試合を除くと、１６６３戦目のことでした。シリーズが終了して、僕はまずインター王座のチャンピオンベルトを日本プロレス興業に返上して、「全日本プロレス」設立を発表しました。

「全日本」としたのは、当時「日本」「新日本」「国際」の三つのプロレス団体があって、「東京」も少し前まであったんで、これしかない、ということだったんです。

◆レスラー集めに奔走

全日本プロレスの設立を打ち上げ、会社はスタートしたんですが、肝心のレスラーがたった五人しかいなかったんです。

日本プロレス興業を辞める前、独立を決心してから、なんとなくレスラーたちに、「日本プロレスが崩壊したらおれの所に来い」と声をかけてました。でも、これといった誘いはしてなかったんですよ。結局、僕について来たのは、佐藤昭雄、サムソン・クツワダ、マシオ駒、大熊元司の四人だけでした。

これではレスラーが足らない。それで、昭和四十一年に日本プロレス興業から独立した、国際プロレスの吉原功代表に頼んで、選手を借りることにしました。

吉原代表は快くサンダー杉山をトレードしてくれ、それに、力道山の二男の百田光雄らも参加してくれました。

百田はいまも一緒にやっていますし、全日本プロレスのテレビ中継の解説者として、お茶の間に知られていますよ。

それでなんとか日本側レスラーはそろいましたが、次は外国人レスラーです。外国人レスラーと選手として戦ってはいたものの、どうやってレスラーたちを日本に呼んだらいいのか分からなかったわけです。

その時、考えたのはブルーノ・サンマルチノでした。「あいつに相談してみよう」とサンマル

全日本プロレス設立を笑顔で発表＝1972年9月、赤坂プリンスホテル（東京）

チノの住むピッツバーグへ飛んだんですよ。サンマルチノは「分かった。できるだけのことをしよう」と言ってくれて、すぐアブドーラ・ザ・ブッチャーを獲得できました。

ブッチャーのチョーク攻撃に耐える＝1974年9月、横浜文化体育館

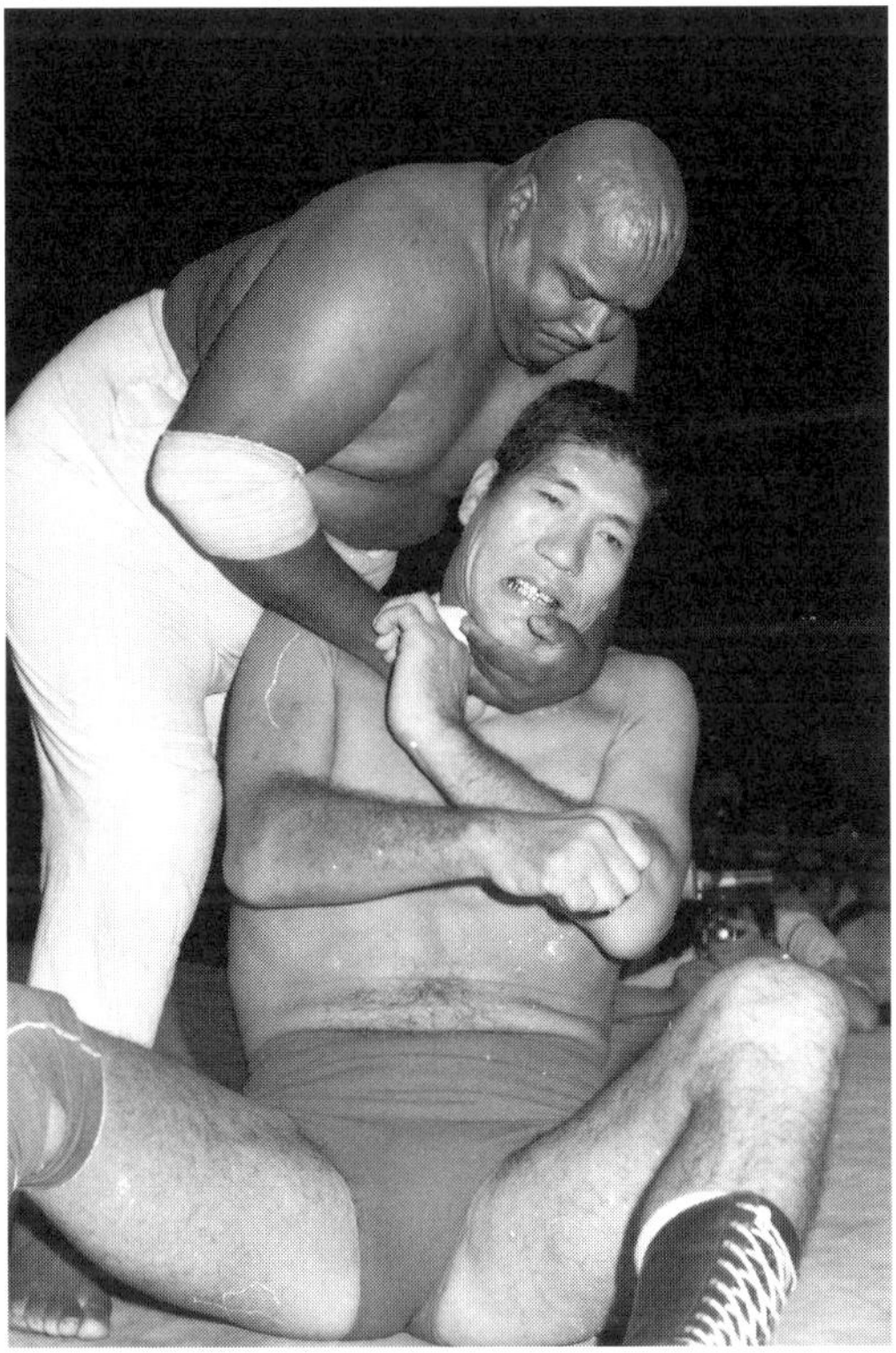

それが突破口になって、それから僕と戦ったことのあるレスラーたち、例えばフリッツ・フォン・エリック、ジン・キニスキーといった一流レスラーたちも、「お前と戦って、いい試合をやったから、協力してやるよ」と言ってくれました。うれしかったですね。

それに、NWA（全米レスリング連盟）の役員をしており、プロレスが盛んな

テキサス州アマリロ地区のボスでプロモーターだったドリー・ファンク・シニアも、「よし、一肌脱いでやろう」と協力を約束してくれたんですよ。

外国人レスラー集めのために、僕はアメリカと日本を何度も往復しました。日本に帰ったとたんにアメリカから国際電話が入って、次の日にまた飛行機に飛び乗った、なんてこともありましたよ。

旗揚げも昭和四十七年の十月二十一日と決まり、力道山の百田家と合同で記者会見をしました。百田敬子未亡人と長男の義浩氏を全日本プロレスの役員に迎え入れていましたが、力道山ゆかりのインター王座のベルトを百田家から寄贈をされたんです。

◆全日本プロレス旗揚げ

全日本プロレスの旗揚げになったジャイアント・シリーズの第一戦は、昭和四十七年十月二十一日、町田市体育館でした。

外国人レスラーは、テリー・ファンク、フレッド・ブラッシー、それにブルーノ・サンマルチノといったそうそうたる顔触れが参加してくれました。

日本テレビの中継も始まり、放映は毎週土曜日の夜八時からと決まりました。

やっとここまでこぎつけたんですが、何といっても、最初に全面的に協力してくれたサンマルチノの友情というのは、これはもうすごいもんだと思いますね。

僕は、外国人レスラーには友情とか義理とか人情というものはそんなにないんじゃないか、と思ってたんですよ。それが、あのサンマルチノという人に関してだけは違います。ずっとずーっと、僕に義理を貫き通してくれたんですからね。

何年も友達付き合いしてきたレスラーはほかにもいますよ。だけど、その人たちには、途中で何かありました。

例えば、「お前、おれを全日本プロレスで使ってくれないんなら、おれ、他の団体へ行っていいか」とか、そういうことは言いましたね。

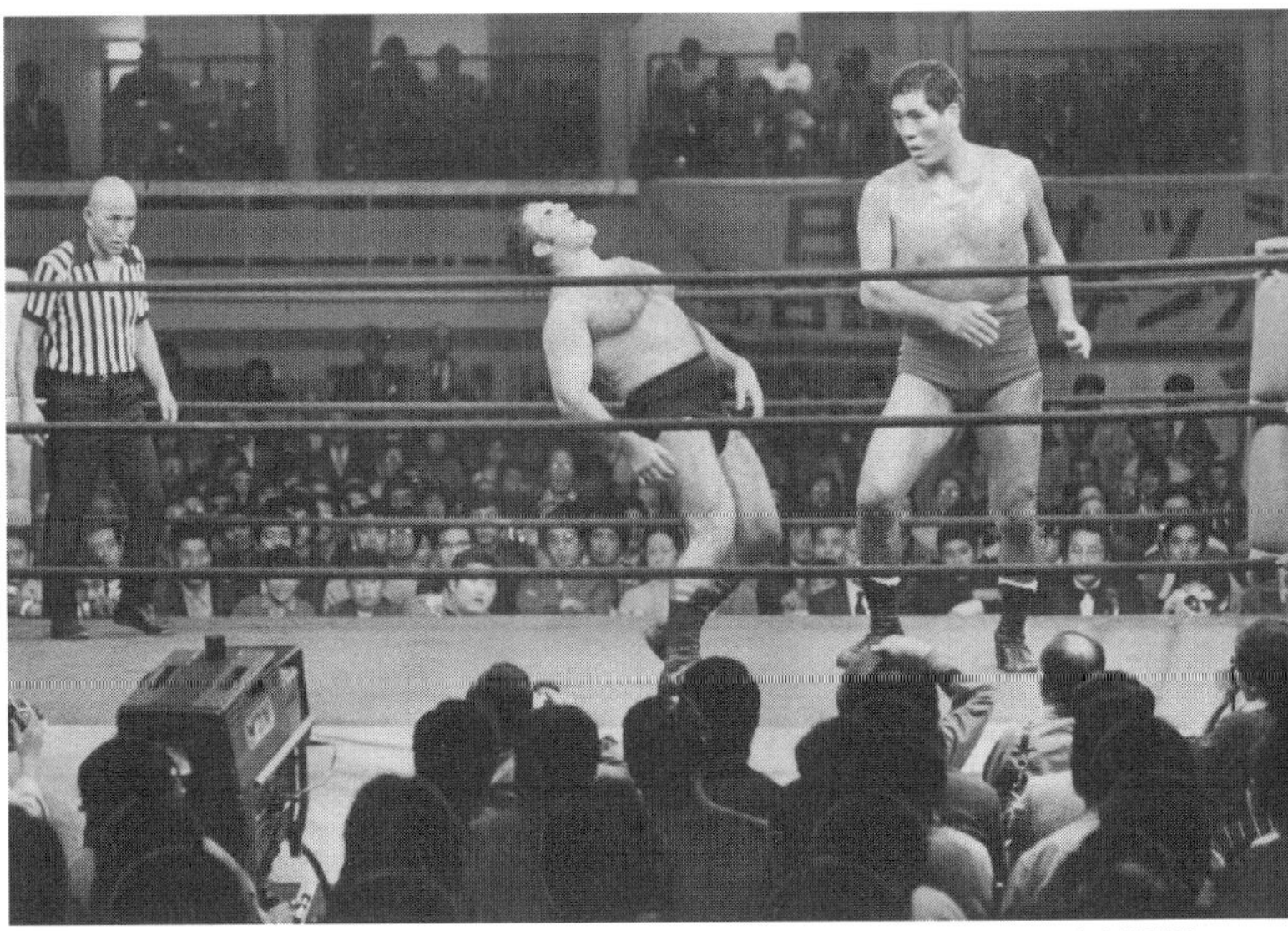
満員のファンの声援を受けてサンマルチノに「空手チョップ」を見舞う＝1972年10月、日本大学講堂

ところが、サンマルチノだけは、そういうことは一度も言いませんでしたよ。サンマルチノにも、もちろん、他の団体から、こっちでやらないか、と声がかかりますよ。すると、彼は「馬場がいいと言ったらいいよ」と、そういう言い方をしてましたですね。そういう点では、ありがたいことですよねえ。

まあ、本人には大変失礼ですけど、本当にお金に困っていたらできないことだろう、余裕があったからできたのか、ということも思いますけども、それはありがたかったですね。

町田大会の翌日には、両国の日大講堂でサンマルチノと力道山のベルトをかけて対戦、引き分けました。

それから、このシリーズの最中に、この年のミュンヘン・オリンピックのレスリング・グレコローマン一〇〇キロ以上級代表だったジャンボ鶴田が入団しました。

鶴田は中央大法学部卒のエリートですよ。アマレスにいい素材はいないか、と探していた僕が、当時のアマレス協会・八田一朗会長の了解を得て、入団にこぎつけたんです。

それにしても、入団の時の記者会見で、鶴田が「プロレスに就職するのに、馬場さんの会社を選んだ」と言ったのには驚いたし、時代が変わったと思いましたね。

こうして、僕の人生の大きな節目となった四十七年の旗揚げシリーズは成功のうちに打ち上げ、三十四歳で独立したのは間違いではなかったと実感しました。

◆念願のＮＷＡ王座に

独立して全日本プロレスを設立した昭和四十七年は順調のうちに暮れ、張り切って初めての正月を迎えました。

前年に入団したジャンボ鶴田は、テキサス州アマリロのドリー・ファンク・シニアに頼んで鍛えてもらうことにしました。シニアも鶴田を見て、「任せてくれ」と気持ちよく引き受けてくれましたよ。

二月初めには、ＮＷＡ（全米レスリング連盟）が臨時役員会を開くというので渡米、セントルイスで開かれた役員会では、僕のＮＷＡ加盟が認められました。

普通なら夏の総会での議題になるはずでしたが、これもシニアが招集をかけてくれたんです。シニアはもう、全日本プロレスの大恩人といってもいい人ですよ。

そのシニアがその後、六月に急死したことを鶴田から聞きました。まだ、五十四歳だったんですよ。もっと生きていてほしかったですね。

四月には、僕が脱退してから八カ月で日本プロレス興業が崩壊、大木金太郎、上田馬之助をはじめ九選手を全日本プロレスが吸収することになりました。

日本プロレス興業の崩壊には、なんの感慨もありませんでした。よくここまでもったな、という感じでしたね。

十月には鶴田が帰国したので、インター・タッグ王座に挑戦する僕のパートナーに抜てきしたんですが、大きな技を連発する鶴田に館内は沸き、鶴田は一躍スターになりました。

僕にとっては、次の四十九年は独立後の節目の年でした。力道山が生涯の夢だとしていたNWAの王座に就いたんですから。

当時のチャンピオンは、ハーリー・レイスを破って王座に就いたジャック・ブリスコです。ブリスコという選手は日本ではあまり知られていませんでしたが、この年の新春シリーズに参加、僕は対戦して引き分けていたんで、これならいけるという感触はつかんでましたよ。

十二月の鹿児島大会で再挑戦しました。やる前から、体も小さいし、僕の後から出てきた選手だし、「この相手なら勝てるな。どうやったって僕が負ける要素はないじゃないか」という、そういう安心感みたいなものがありましたね。

格闘技の場合、こういう心理というのは大きいんです。試合は、楽勝とは言えませんでしたが、彼の得意技というのが足をきめる四の字固めで、それだけ気をつけていればよかったんで、その通りにいきましたから、まあ、苦戦はしませんでしたね。

高根の花と思っていたNWAチャンピオンになったと思うと、さすがに感激してジーンときました。「プロレスをやっていてよかった」と思いましたね。

念願のＮＷＡ王座獲得の3日後に早くも防衛＝1974年12月、日本大学講堂

鶴田とタッグ＝1973年10月、蔵前国技館（東京）

◆引き抜き合戦

ジャンボ鶴田と僕は、一回り以上年が違いますが、アメリカ修行から帰国した昭和四十八年以来コンビを組んできました。それが本当の「馬場・鶴田時代の幕開け」といわれるようになったのは、昭和五十年春のことです。

当時、旧日本プロレス興業の看板だったインター・タッグ王座がアメリカに奪われ、全日本プロレスにはタッグの王座がなかったんです。僕としては、どうしても欲しかったので、それまでにも挑戦していたんですが、なかなか奪取できなかったんですね。

それで、鶴田とテキサスに渡り、王座のザ・ファンクスに挑戦して奪い取りました。

また、この年は、力道山の十三回忌で、十二月

鶴田とダブルキック＝1974年5月、大宮スケートセンター（埼玉）

に日本武道館で「追悼特別試合」をやりました。国際プロレスと一緒にでしたが、新日本プロレスは蔵前国技館で猪木×ビル・ロビンソン戦の興行をぶつけてきました。

翌年には、天龍源一郎が入門してきました。

天龍は相撲の二所ノ関部屋出身で、前頭筆頭までいった男です。この年の九月場所を最後に全日本プロレス入りしたんですが、鶴田と天龍の二人には全日本プロレスを背負ってくれるという期待をかけましたね。

天龍がデビューしたのは、翌五十二年六月です。その後、天龍は、平成二年八月に、大手の眼鏡小売りチェーンのメガネスーパーが設立したSWS（メガネスーパー・ワールド・スポーツ）に引き抜かれてしまいました。

僕のところで育てたんですから、この時は、なんでこんなことをされなければならないんだ、と腹も立ちましたよ。

でも、まあ、彼らがドライとかいうより、自分の神経をマヒさせるだけの金というか、それだけのいい待遇が目の前に置かれた場合には、やっぱりだれでも神経がマヒしちゃうんじゃないですか。そう思いますよ。

天龍の引き抜きに「オレの力が至らなかったため」と語る

天龍（左）、鶴田と＝1987年1月、千葉公園体育館

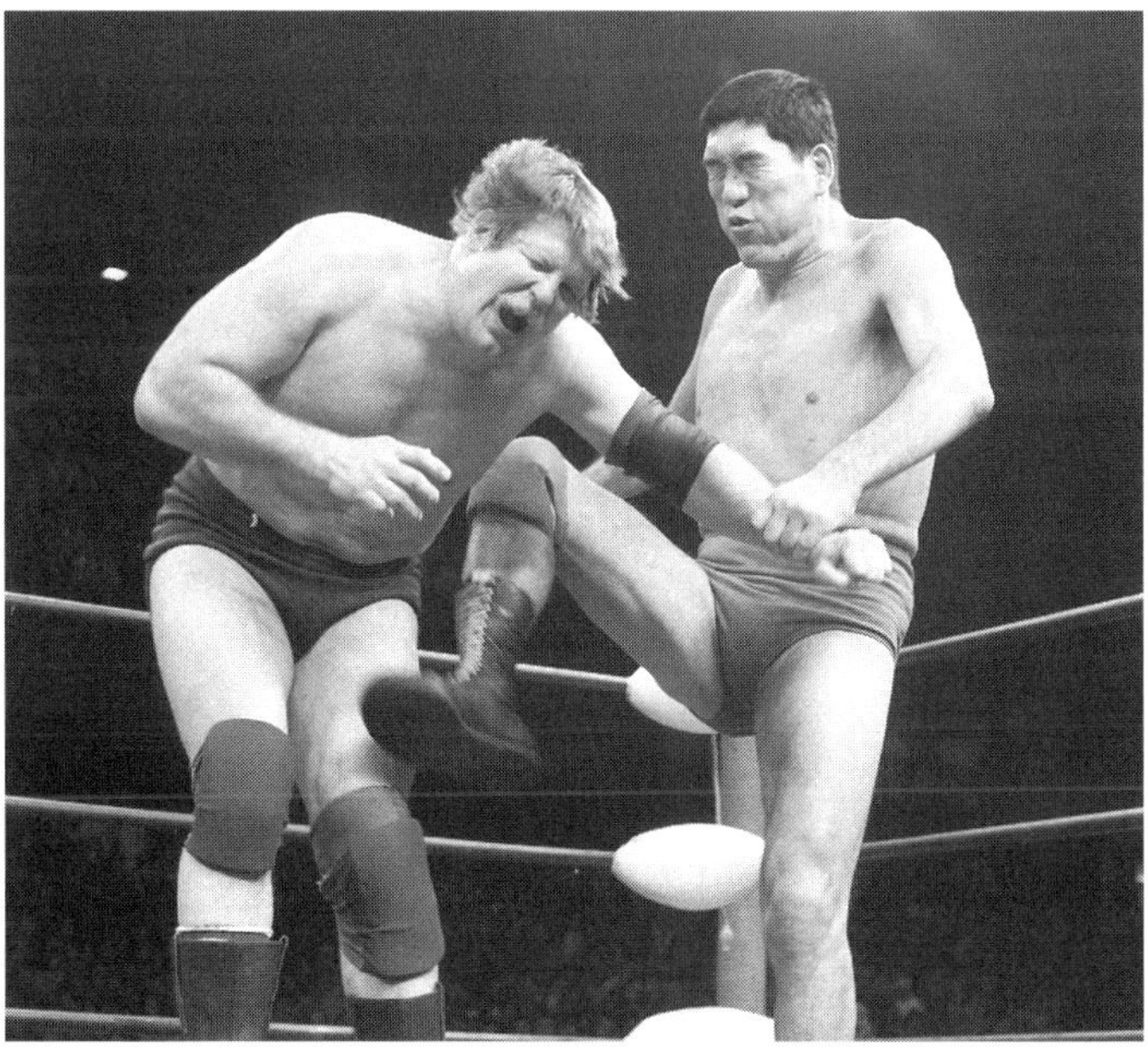

ハンセンと力闘＝1982年2月、東京体育館

天龍入団のころから、新日本プロレスとの引き抜きのやり取りが続き、日本のプロレスは「戦国マット界」になってしまいました。

アブドーラ・ザ・ブッチャーを新日本に引き抜かれると、こちらもスタン・ハンセンとタイガー・ジェット・シンを引き抜き返すということがあって、昭和五十六年末になって、やっとこの「戦国時代」は終わったんですよ。

この間、五十五年四月には、国内公式戦連続出場三千試合を達成しました。

前にも書きましたが、僕は記録には関心がないんで、この時も「へえ、そうか、長いことやってればそれくらいにはなるさ」という程度の感じでしたね。それで、年を越した一月に、「3000試合連続出場突破記念試合」というのを後楽園ホールでやりました。

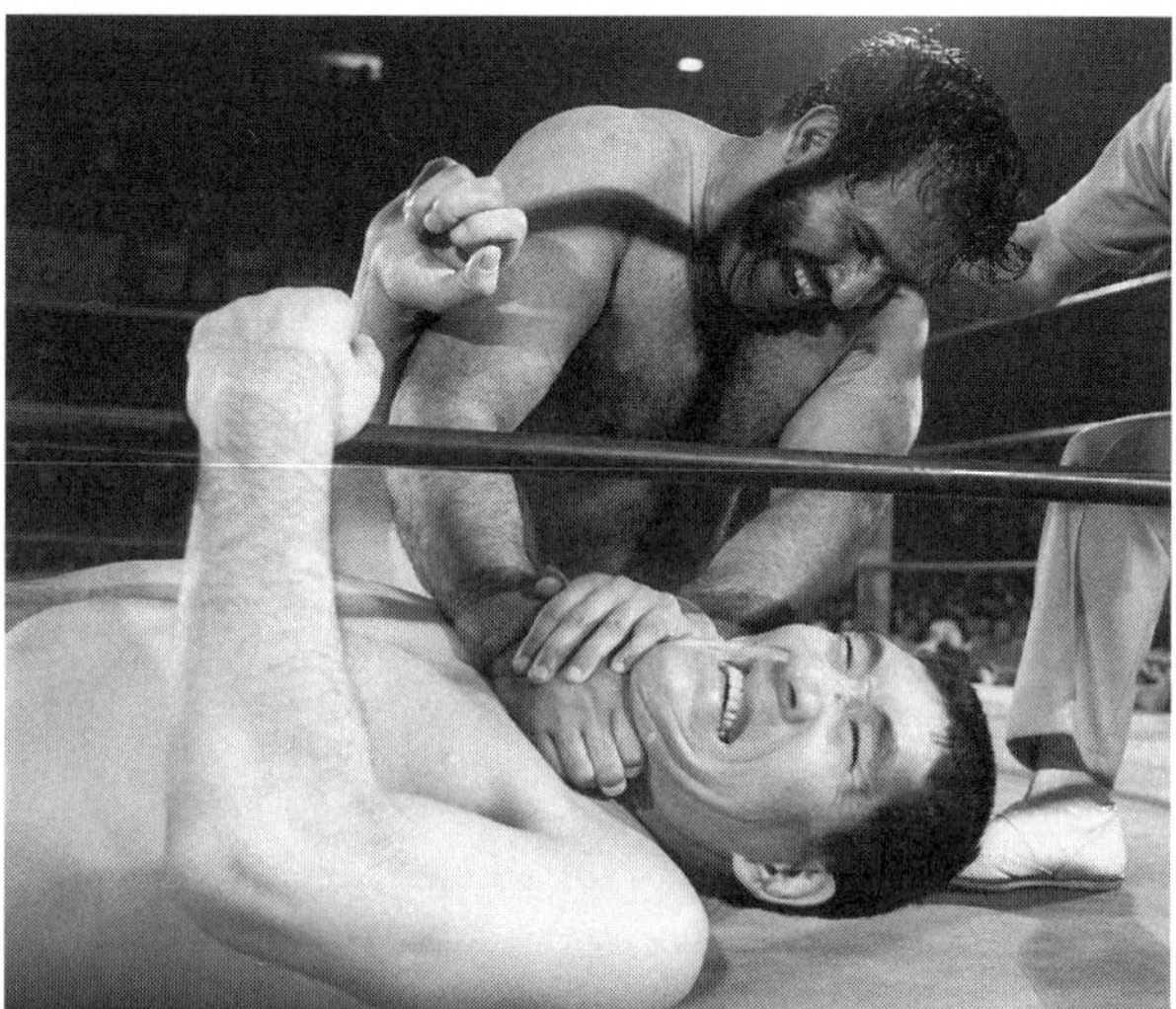

シンの首絞めに苦悶の表情＝1985年2月、東京体育館

◆全日本二十二周年

連続出場が途切れたのは、昭和五十九年四月のことでした。「'84春のグランド・チャンピオン・カーニバル」に、ドリー・ファンク・ジュニアと組んで出場、優勝をかけて、スタン・ハンセン、ブルーザー・ブロディ組と対戦した時のことです。

僕が首筋をおかしくしてのびているところをドリーがやられ、結局、負けてしまったんですが、この首筋が治らず、次の日、どうしようもなくて欠場しました。

これで、連続出場が昭和三十五年九月三十日のデビュー以来の３７６４試合で、切れてしまいました。

当時は、ジャンボ鶴田と天龍でコンビを組んでました。それで僕はこの欠場をきっかけに、もう二人に任せられる、ということでインター・タッグ王座を返上して、完全に無冠になったんです。

翌年には、日本テレビ放映の解説をやることになり、タイトル戦線からも足を洗いましたよ。

しかし、平成二年八月に、ＳＷＳに天龍を先頭に全日本プロレスからガポッと引き抜かれた時は、危機でしたね。

ちょうど、全日本プロレスを設立した時のことが頭に浮かびました。あの時は五人だったな、と。

それでどうしたらいいか、と考えて、この時も、全日本プロレス設立の時のように、やっぱり外国人選手でいくしかないな、と思ったんです。

そのころ、新日本プロレスの話を僕も聞いてましたよ。佐川急便から、お金をどのくらいもらったとか、どうとかいうことをね。

それで、へえ、とか、ウーンと思っていたら、あの騒ぎでしょう。僕の方は、もともとそんなだれかにスポンサーになってもらってやってきたわけじゃないし、もうこうなれば、ファンにスポンサーになってもらうしかないんですよ。

でも、ファンに「スポンサーになってください」と言うわけにはいかないし、それで、選手やみんなに「ファンがスポンサーだ」と言ったんです。そのつもりでファンを大事にしていこう、ということだったんです。

平成六年で、全日本プロレスを設立してから二十二年になります。去年は二十一周年ということで、記念のシリーズもやりました。

でも、感無量なんて全然ないですね。感激もありませんしね。気にしないんですよ。二十一年になろうが、二十二、二十三、二十四年になろうがこの道、やっていかなければならないんですから。

まあ、二十二年やってこられたことに対しては、非常に感謝していますし、よかったなあ、という気はします。

でも、まだ来年もありますし、三年後、五年後もありますし、十年後もありますからね。

◆レスラーたち（上）

デビューから平成六年で三十四年になります。これだけやっていると、いろんな選手と対戦してきましたよ。

力道山との名勝負を見せたルー・テーズは、最高のレスラーと思っていますが、僕が最初に戦った時はもう盛りを過ぎたころで、年齢の差が随分ありました。

でも、そのころ米プロレス界の大御所でしたから、すごい貫禄がありました。やっぱり僕は勝てませんでしたが、時間がたって一度勝ってしまうと、もう相手は衰えていくばかりですから、貫禄とかはそう気にはなりませんでしたね。

やはり、力道山との勝負で日本で有名になったシャープ兄弟ともアメリカで対戦しましたよ。試合のことではないけど、こんな思い出があるんですよ。昭和三十六年に初めてアメリカへ修行に行った時のことです。控室で片言で話していたら、シャープ兄弟が横から「お前、その英語の発音が悪い」と言うんです。

僕が「ロサンゼルス」「ロサンゼルス」と発音していたら、「そうじゃない。ロスエンジェルス、ロスエーンジェルスと言うんだ」と、まずレスリングではなくて発音を教わったんですよ。向こうは日本から来た若いのをからかってやろうとやったんでしょうけど、今でもよく覚えていますね。試合の方は、兄弟も全盛期を過ぎていましたが、体のコンディションだけはよく整えていましたね。

それから、「鉄の爪」「アイアンクロー」といわれたフリッツ・フォン・エリックですが、彼は昭和四十一年の初来日以来、度々来てますから日本でもおなじみです。息子もレスラーというレスリング一家で、息子の一人が日本で急死しています。

彼の握力はすごいんですよ。リンゴを片手で握りつぶしたりするのは普通のレスラーでもやります。エリックはポーンとリンゴを放り投げて、落ちてきたのをつかむとそのまま握りつぶすんです。その力で頭を締め付けるんですからね。ききますよ。

まあ、試合というのは、相手がいい選手になればなるほど、自分で計算していけるんですね。こっちがこうやりゃ、相手はこうするだろうなとか、ああやればこうするだろうな、と自分で試合の進め方を考えてその通りに進んでいくと、非常に試合というものがスムーズに運ぶんですよ。

それが、自分がこういこうと思っても、相手がそれに乗ってこないとすごく疲れますし、気持ちもイライラしてきますし、あわてますすよ。

僕はだから業師（わざし）とかそういうレスラーより、技もあるけどスピードも体力もある、といったタイプの方がやり良かったですね。

◇レスラーたち（下）

僕がコンビを組んだレスラーの中に、相撲の輪島がいました。昭和六十一年十一月に故郷の石川・七尾でデビューさせましたが、横綱までやった男でしたので、僕も彼を育てようとつきっきりで、アメリカにも何度も行きましたよ。

それから、昭和四十八年九月に入団したオランダの東京オリンピック柔道チャンピオン、アントン・ヘーシンクともタッグを組んで、話題になりました。

でも、二人ともかわいそうではあったですね。前にも

練習を終えた輪島を激励＝1986年12月、東京都内

書きましたが、三十五歳を過ぎ四十歳近くになって、体でものを覚える仕事というのはやはり無理なようですね。

子どもじゃないから頭で理解できるので、まず頭で考えてそれからやろうとする。輪島もヘーシンクもそうでした。

スポーツというのは、まず体で覚えてから、というのが特徴ではないでしょうかね。柔道や相撲もレスリングと同じ格闘技であっても、やはり頭で考えてからというのはだめな気がします。

覆面のザ・デストロイヤーとは、昭和三十八年のアメリカ修行中に王座に挑んで以来の仲ですが、四十八年ごろからは一家で日本に定着、テレビの人気者になりました。

愛きょうがあって、なんとも言えない味がありましたね。日本に来る時は、覆面をしたまま入管を通ったりしてました。これには僕もびっくりしましたよ。

ヘーシンク（左）の来日会見で笑顔、右は鶴田＝1973年10月、東京都内

六本木にある全日本プロレスの事務所にも、覆面でバイクにまたがって来ました。バイクの方が早いんでしょうが、デストロイヤーというだけで、例えば小さな交通違反をしても勘弁してもらえる、というようなこともあったようですよ。

本人はもうプロレスはやってませんが、息子が全日本プロレスに入門してます。本名はカート・ベイヤー。今はヨーロッパとかニュージーランドに修行に出しているんです。ただ、デビューしてもデストロイヤー二世を名乗ることはないでしょうが。

気取った人たちと英語での会話はできませんが、外国人レスラー仲間同士で「なんだ、このヤロー」とか、

ヘーシンクのデビュー戦ではタッグを組んだ＝1973年11月、蔵前国技館

わいわいやってる分には別に不自由しません。NWA（全米レスリング連盟）の副会長に選ばれたこともありますので、こんな会議には一応通訳は連れて行きますけどね。

そういえば、猪木とは長くタッグを組みましたが、猪木とボクシングのモハメド・アリとの対戦がありましたね。昭和五十一年六月のことです。アメリカのプロレスラーがあの試合について、こう言っていたのを覚えてますよ。

「日本人はアメリカに対して二大ミステークをおかした。真珠湾攻撃とあの試合だ」とか言ってましたね。

デストロイヤーと初タッグ＝1972年12月、後楽園ホール

◆けが（上）

プロレスの場合、けががつきものです。この間、うちの三沢光晴がスタン・ハンセンと戦って勝ったんですが、最後がなんとなく盛り上がらなかったことがありました。

三沢はアマレスで国体優勝して昭和五十六年、全日本プロレスに入団、五十九年八月から「タイガーマスク」として活躍、平成二年にマスクを脱いで素顔に戻ったレスラーです。

内臓疾患で戦列を離れているジャンボ鶴田に代わって、今は全日本プロレスのエースですが、この時はハンセンに胸をやられてあばら骨にヒビが入っていたんですね。それで動けなくなって、無我夢中で最後にフォール勝ちしたということだったんですよ。

こうしたけがというのは、その場ではファンに分かってもらえないのが、この商売のつらい、難しいところなんですよ。血が出たりすると、ああ痛いんだなあ、かわいそう、と分かってくれるんですけどね。

僕の場合は、けがをしてもこの二十七、八年間、長く休んだりすることはなかったですね。けがをしたら、それは痛いですよ。痛いことは痛いけど、「だけど自分は休めないんだ」と、ずっと二十七、八年間やってきましたからね。

それに、受け身をしっかり勉強したということと、僕が人並み外れて大きいということもあります。大きいと小さい人のように、ポンポン投げられませんから、けがをする率も低かったということは言えると思うんですね。

腰を痛めたこともありました。立つのが精いっぱいというような時もあったですよ。でも、ひざを痛めた時もこうでした。

病院に行ったら、医者に「三カ月は絶対安静ですよ」と言われ、車いすで玄関の車まで送られたんです。僕も「はい、じゃ二、三カ月、熱海にでも行って温泉に入ってますよ」と言っておいて、そのまま試合場に行って、試合をしました。

それでそのまんま試合をしながら、五週間ぐらい後に九州の別府温泉に行って、お湯の中を最初は歩いて、そのうちぼこぼこと走ったら治ってしまったんです。医者の言うことを聞いていたら、何カ月も温泉にいなければならなかったですよ。

勝ち名乗りを上げる三沢（左）＝1991年5月、後楽園ホール

むちゃかもしれませんが、「もう休めない！」という気持ちが治したんでしょうね。「病は気から」なんて言うと、また怒られますけどね。そんなこともあるんですよ。

今はうちの若い子がけがをして医者に行くと、まず医者は「安静に」と言いますよ。で「冷やせ、冷やせ」と。僕は全く逆です。巡業で温泉地の方に行くと、必ず温泉に行きます。

だから、よく「馬場さん、けがを治す秘けつは？」と聞かれますが、全く逆のことを言うから人には勧められません。僕らには僕らなりの治し方というのがあるんです。

◆けが（下）

けがと言えば、平成二年十一月に、試合で骨折しました。

あれは確かに折れましたね。左大たい骨亀裂骨折なんですが、折れたと思ったらもう、ピクとも動けない。立つとかなんとかいうよりも、身動きすることもできなかったですね。

北海道の帯広でした。「'90世界最強タッグ決定リーグ戦」公式戦で、ザ・ファンクスと対戦してリング下に転落、左腰を床に思い切り打ち付けてしまったんです。

指やどこかが折れたということはあったですよ。そんなものは自分で治してしまったですけどね。足の骨だけは自分でというわけにはいかない。それで三カ月入院です。

まあ、普通の人でも、骨折だと一カ月ぐらいですよね。僕もそのくらいでよかったんです。でも、他の病気があったら困るということで、全部検査して、それで三カ月かかったんですが、「引退の危機」とか言われてしまいましたね。

でも、折れた時も僕はもうだめだとは思わなかったし、やめる気もなかったですね。ただ、入院した東京の大学病院で教授が回診でやって来ると、その偉い先生は「やめたらどうですか」と言うんですよ。

で、その次に来た助教授は「やめないでくださいよ。僕らは馬場さんと同世代に育ってきて、プロレスは夢ですからね」と、言ってくれました。

まあ、もう年を取ってきますとね、プロレスも力じゃない。昔は力でやってましたけど、今は理屈でやるようになりました。

僕は大衆小説が好きで、巨人軍時代から柴田錬三郎とか剣豪小説をよく読みました。それで、剣豪が仙人みたいな修行をしたりとかありますが、年を取れば取ったでそんな心境になりますね。

だから、試合でも自分で技を仕掛けるんではなくて、仕掛けられた時、それをいかにかわして逃げるか、それからどうやって技を返して相手を攻めていくか、ということを一生懸命に考えるようになりました。

若い時は、自分から攻めていったんですが、それがもう年を取ってきてできなくなるわけですから、攻められた時にどうするか、を考えることになるんですね。

跳び上がって両足をそろえて蹴る、僕の得意技だった「32文ドロップキック」も、もう十年以上してません。ファンからも「見たい」とよく言われますが、やっぱりやるなら昔のようにやりたいわけですよね。

ただ、跳んでやることはできるでしょうけど、それがどれだけ跳べるか、五十センチか一メートルか、問題はそこですよね。

まあ、剣道で言う「間合い」というか、そういうことは、やっぱり年を取ってみなければ分からないことですね。

八百長

プロレスというと八百長だと言われます。それは日本人同士がやっていることですから、全く八百長みたいなことはない、とは言えないと思いますよ。

僕はよく相撲に例えて言うんです。千秋楽に9勝5敗の相撲取りが7勝7敗の相手と対戦しますね。そうすると、9勝の方は、相手はあと一つで勝ち越しだな、とどうしてもちょするでしょう。何が何でも勝ってやろう、という気には、なかなかなれないですよね。それを八百長だと言われたら立つ瀬がないな、と思うんですよ。プロレスでもそれは同じです。

例えば、跳び蹴りをやって、相手は当たってもいないのに倒れてしまう。すると、あれは八百長だ、という言い方をよくされます。でもね、当たってからでは痛いわけですよ。だから、相手の跳び蹴りが強い場合、かすらせて倒れた方が賢いんです。

いちいち釈明するのは面倒臭いから黙ってますけど、まあ、こんなふうに誤解される面はいっぱいありますね。

それに地方の試合の時、その地方出身のレスラーの相手が、ここは勝たせてやろうか、ご当地だからあいつに花をもたせてやろうか、と考えることもこれはあるでしょう。同じ釜の飯を食ってる仲ですからね。

しかし、だれとだれが戦った場合に必ずどちらかが勝つ、という意味での八百長というのは今はないですね。

レスラーの契約は、四月に年間契約で一試合いくら、ということで決めます。それとは別に、勝てばいくらのボーナスというのがありますし、査定みたいなものもあります。

でも、それだけじゃない。全日本プロレスの場合、いい試合をしたり、会場の雰囲気を盛り上げたりすると、「よくやった。はい、いくら」ということで出すようにしているんです。平成五年の「世界最強タッグ決定リーグ戦」の優勝賞金は一千万円でした。だから、もちろんレスラーは勝とうとしますけど、ただ勝てばいいというのでもなくなったんです。ファンの方も、勝ち負けだけを見に来るんじゃなくて、いい試合を見に来る。若手の試合なんかでも、いい戦い方をした方が負けても胸を張って帰っていきますよ。

昔は勝ちにこだわりました。負けてショボショボ帰る時のみっともなさ、恥ずかしさ、といったらなかったですよ。えげつないやじが飛びますしね。

でも今の試合を見てご覧なさい。負けても堂々ですよ。なぜかと言えば、いい試合をすれば、ファンが応援してくれるからです。それだけファンの質も、会場のムードも変わってきたんですね。

最終章　まだまだリングで

◆家族のこと

父母はもう亡くなりました。故郷の新潟・三条のお墓参りはなかなかできないんですけどね。父・一雄には、ああしてもらったとか、こうしてもらったという記憶があまりないんですよ。ただ、おやじに連れられて浪花節を聴きに出かけたとか、肩車に乗せられて競馬場に行ったとか、お祭りの時にも肩車でワッショイ、ワッショイやったとかはおぼろげに覚えています。海へも連れて行かれたことがありました。まあ、それも母が働いていましたから、僕の子守をしに連れて行ったということでしょうけどね。

おやじは昭和四十三年十一月に亡くなったんですが、ちょうどハワイでトレーニング中で葬儀に帰れませんでした。

母のミツが亡くなったのは四十六年七月のことです。テレビのザ・ドリフターズの「8時だョ！全員集合」という番組の録画撮りに出てましたら、「ハハキトク」の電報が来たんです。

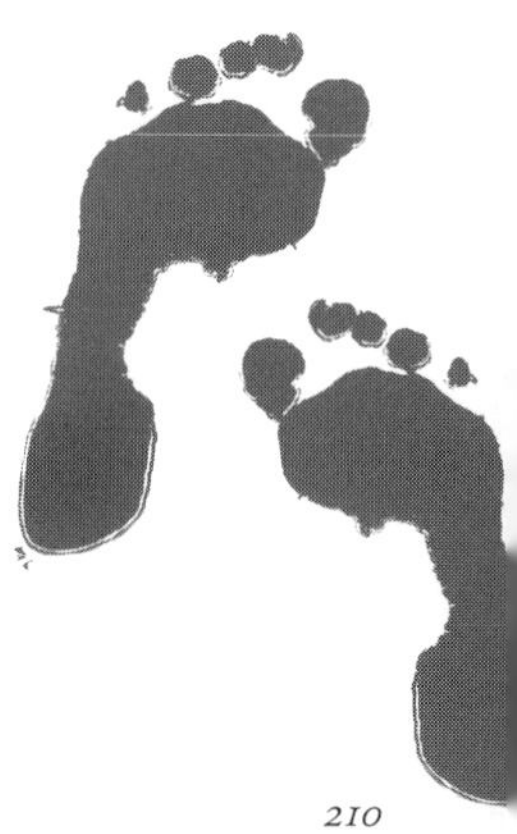

「帰っていいか」と聞いたら、「番組に穴があくからなんとかお願いします」と言われたんで、収録が終わってから三条に帰ったんですが、間に合いませんでした。

この時に腹が立ったのは、出演者の一人がジョークでしょうが、お寺にあるハスの花みたいなのを持って来てふざけたんですね。さすがにプロデューサーが怒ってましたけど。

この時も、とんぼ返りして試合は休みませんでした。両親の死に目には会えませんでしたけど、生きている間に精いっぱいやったつもりですよ。

妻の元子とはその年の九月ハワイで、ハワイの友人に立ち会ってもらっただけで結婚式をあげました。

つきあいは、巨人軍に入団して初めての兵庫・明石のキャンプに参加した昭和三十年春からです。元子の父は明石での巨人軍の後援者で、その家に先輩に連れられて遊びに行って、当時中学三年の元子にスリッパをもらったんですね。

そのお礼の手紙を出して以来五年間文通を続けていたんです。それがアメリカ修行中は途絶えました。それで、帰国してから巡業で姫路まで行ったもんですから、「あいさつに行かなければ」と寄ったんです。その時、「もう嫁に行ったんだろうなあ」と思っていたら行ってなかったんで、それが始まりですよ。

まあ、結婚にはいろいろありました。「レスラーには品位なんか要るか」という言い方もありますけど、レスラーも人の子です。結婚もしますよ。品位を大事にするということで僕がずっとやってきたのも、そういうことだからなんですね。

元子は巡業にも一緒に来て、いろいろやってくれます。子どもがいないから仕事一筋にやってこられたと言えるかもしれません。でも、世間でもそうでしょうけど、だれにどう言われたって、自分にとってはやっぱり大事な妻、ということではないですか。

◆61分三本勝負

プロレスの技は本当に進歩しました。昔の力道山のころに比べると、僕らのころだってもうスピードも技も違います。

それが、今の全日本プロレスのエース・三沢光晴や川田利明、小橋健太といった中堅・若手レスラーがやっている技なんかは、また、僕らの時と違って多彩ですよ。

彼らの技やスピードに比べると、僕らのやってきたのはそんなに技もスピードもないということになります。彼らはよくこんなことできるな、というようなこともやってますよ。

そういうのを見ていると、なにかその時代、その時代に、技がまるで細菌がぐんぐん繁殖していくように発展して、この先どこまで行くのか分からないし、先に行ったらどうなるんだろう、と思うほどですよ。

ただ、プロレスの技というのにも、ポイントがあるんです。

基本としては立ち技、寝技があります。でも、寝技というのは、下手をすると、おもしろくもなんともなくなってしまうんですよ。

どういうことかというと、例えば日本武道館で試合をやります。あそこはものすごく大きい会場ですから、リングの上の隅で寝技をやっても、動きの小さい技だとお客さんから見えないから、何をやっているのか分からないんですよ。

だから、リングの一方で技を出しても、反対側にいる人にも分かるようにしなければいけない。それが一番のポイントなんですね。

おれたちはちゃんとやっているんだから、何をやっているか分からなくてもそれでいいんだ、というのではだめなんですね。

野球の試合だと、ボールを投げて、打って、そのボールがどこへ行ったというのが、どこで見てる人にも分かります。

それがプロレスの寝技は、反対側なんかにいると分からない

エース格となった三沢（左）と川田＝1998年3月、キャピトルホテル東急（東京）

日本武道館（東京）＝1990年3月

見せるプロレスを心がけた＝1987年6月、日本武道館

わけです。そうすると、お客さんに喜んでもらうプロレス、ということから離れていってしまうんですね。そういうことも考えて、プロレスをしなくてはならないんですよ。

それから、昔は三本勝負がほとんどで、勝負がつかず一対一で引き分け、ということもしょっちゅうでした。それで今は勝負がつかないとおもしろくないですから、一本勝負にしています。

それと昔は「61分三本勝負」というのもありましたね。なんで「60分」ではなくて「61分」なんだろうと、僕も疑問に思って先輩に聞いたことがあります。

そうしたら、「六十分戦ってきてあと一分で勝負がつく、という非常に貴重な一分だ」と言うんですね。

でも、「六十分やってきて決着がつかなかったのが、あと一分やってどうして勝てるんですか」と聞き返したら、返事はなかったですけどね。

◆トレーニングと読書

東京にいる時は、全日本プロレスの社長として六本木の事務所に出る以外は、ゴルフの練習に行ったりしてます。

夜は大体十時半ごろ寝ますが、夜遅く帰って来ても、渋谷のマンションの地下のトレーニングルームで、トレーニングして寝ます。

そこは三十畳ぐらいですが、入居した時に地下の倉庫の半分を買ったんです。倉庫にもしていますけど、ここで毎日、一時間半から二時間のトレーニングが欠かせなくなりました。のんびりとやりますが、時間を決めているわけではなくて帰ったらやることにしてますから、夜中の一時、二時ということもあります。毎日やって安心するんです。ああ、これで自分の日課は済んだと。やらないと怖くなるんですよ。

食事は、四十五歳ごろまではアメリカでステーキばかり食べていたからか、あまりご飯を食べなかったんですが、このごろは何でも食べます。パンはカロリーが随分あるんで、パンよりはご飯の方がいいようですよ。

ただ、僕は甘いもんが好きでね。中でも小豆類が一番好きで、大福とか小豆のお菓子をパクパク食べてしまうんですが、二個食べたらその分練習するとか、気をつけていますけどね。

車はキャデラックにずっと乗ってます。キャデラックは僕が巨人軍二軍時代に、多摩川で練習している時に土手を走るのを一緒に巨人入りした国松彰さんなんかと見て、ワイワイやっていた以来のあこがれだったんです。あの後ろがピーンと上がっているやつですよ。

それが全日本プロレス発足の昭和四十七年、来日したブルーノ・サンマルチノが当時僕の乗っていた外車を見て、「こんなのに乗っているのか。おれのをやる」と言って、本当に送ってきたんです。彼の自宅のあるピッツバーグから船でね。

それから、同じ色、形も同じものを買い替えてずっと乗ってるんです。あまり変わってませんから。アメリカ人はキャデラックというと、今でもびっくりしますよ。

免許はハワイで取って、前はよくドライブもしましたが、今はマネジャーに運転を任せています。

小説も昔はよく読みました。司馬遼太郎、山岡荘八、山手樹一郎、柴田錬三郎なんかの剣豪小説、それに源氏鶏太なんかですが、最近はゴルフの雑誌ぐらい。メガネをかけなければならないんでね。

中学の時、モルモン教の教会に行っていた時、友達からドストエフスキーとかのロシア文学を勧められて読んだんですが、外人さんの名前は読み進んでいるうちに忘れてしまう。

もう一回戻って読みなおしたりしていたら面倒臭くなって、結局それ以来、外国の本は読まなくなってしまったんですよ。

◆テレビ出演

テレビのCMに出るようになったのは、昭和五十七年ごろからです。「僕にも弾けた」というキーボードのCMが有名になりましたが、それからちょくちょく出るようになって、ドラマにも出演したことがあります。

初めはなんとも照れ臭かったんですが、今はもうテレビに出るということで特に気を使ったり、緊張したりすることはありませんよ。今日はテレビだと言われても、気取っていくわけではないですしね。

見る方は、いつもは夜中には時代劇のビデオを見ていますが、テレビといえばこんなことがありました。

昭和五十七年末の「ゆく年くる年」の総合司会で出た時です。タキシード着用と言うんで着ていったんですよ。そしたら、タレントはみんな貸衣装のタキシードなんですね。

そうしたら司会の女性タレントが僕のタキシードを見て「うわあ、馬場さんすてきです」と言って、そこまではいいんですが、「ご自分のですか?」と聞くんです。

人に「貸衣装ですか」と聞くのも失礼な話ですよ。しゃくに障ったから、「貸衣装です」と言ってやったら、当然彼女は疑問を持っていいはずなのにそのまま。僕に合うようなそんな大きな貸衣装のタキシードがあるはずがないじゃないですか。それを疑問に思わないんですね。それから、本番が始まって、彼女が言うせりふがあって、その後僕がしゃべることになっていたのに、彼女が忘れてしまって言わない。なのに僕には「早く言いなさい」という格好をするんです。

しようがないからしゃべったんですが、相手はプロですからね、テレビを見ている人はみんな僕が間違えたと思うわけですよ。家に帰ったら、「あなた、間違えたでしょう」と言われましたよ。

最近は日本テレビの「クイズ世界はＳＨＯＷ ｂｙ ショーバイ!!」に出ていますが、この番組は逸見政孝さんが司会をされていました。

がんで入院ということになって、お見舞いに行くわけにもいかないし、何かできることをと考えました。結局、僕にできることは「たばこ断ち」しかないと、逸見さんが退院するまで葉巻を断ちました。

葉巻は僕のトレードマークにもなってますが、吸い出したのは若いころに胃に穴があいて血が出たのがきっかけです。

合宿でも葉巻は手放せない＝1990年8月、一宮海水浴場（千葉）

医者に診てもらったら、胃潰瘍か胃炎だからたばこをやめなさい、と言われたんです。それでも、ヘビースモーカーだったものですから、やめられなくて葉巻に替えたら治ったんですよ。以来ずっと吸っていたんですが、ああいうことになりまして……。

◆社長業二十二年

二十二年間、社長としてやってきました。社長なんかなるもんじゃない、レスラーのままの方がいいと思いますが、この二十二年間、レスラーへのギャラや社員への給料を一日も遅らせたことだけはありません。

巡業が終わった、ああ、今日はギャラを支払ってもらえる日だな、と思ったら今日もらいたいですよ。だれでも。明日でいい、なんて思いません。どんな金持ちだってそういうもんだ、と思いますよ。

自分がそういう気持ちだから、そうしてきたんです。「ちょっとギャラを待ってくれ」と言ったら、経営も信用されなくなりますし、みんなに心配もかけますからね。

しかし、僕はもしかしたら社長としては失格なのかもしれない。だって、企業との付き合いとかが一切だめなんですから。性分なんでしょうね。

レスラーになってからずっと今まで日本全国を旅していますが、人にご飯をごちそうになったことすらないんです。自分でももう少し融通がきいてもいいんじゃないか、とは思うんですけどね。

だから、スポンサーなんかつきません。それがもう今では分かってますから、だれも誘ってくれないですけどね。

地方へ行っても、だれとも付き合いません。この間も巡業の合間の休みにゴルフをしていたら、向こうから「オーイ」と呼んでいるんですが、だれか分からない。聞いたら地元の組長みたいな人なんだそうですよ。こっちは知らないから「ああ」というだけですよ。

旅の時は、試合が終わるとホテルへ帰って、酒は飲みませんから、コーヒーを飲んでたばこを吸ってというのが楽しみなんですよ。だから外へ出たこともないですし、名所巡りもしたことがない。札幌の大通りぐらいは知っていますが、後はどんな町かも全然知りません。

全くそういう点ではだめなんでね。生意気なことを言うようでなんですが、人に「まあまあ」とかなんとかやれない性分なんですよ。

それでここまで経営がやってこられたというのも、なんとか自分の担保にする土地があったからなんですよ。

力道山が死んだ後に、自分で住もうと思って世田谷に土地を買ったんです。結局住まなかったんですが、この土地が担保になったんで助かりました。それは非常に幸いだったですね。テレビの中継放映があって、その収入がずっとあったというのも大きかったですね。それも、全日本プロレスが流血で見せるのではなくて、「明るく楽しく激しく」をモットーにやってきたことからではないでしょうか。

流血とか乱闘の試合だったら、テレビのスポンサーから「イメージに合わない」と言われたりすることもあったでしょうね。

◆引退のこと

よく引退のことを聞かれます。

引退といえば、昭和三十七年に試合でハワイを回った時、ハワイが好きになって、三十八歳になったら引退してハワイに住んで、アメリカで適当に試合をしながら余生を、とそんな計画を立ててたんですよ。当時はアメリカもいいころでしたからね。

実際にハワイにマンションを買ったのは、昭和四十五年、三十二歳の時でした。そのマンションには女優の高峰秀子さんがおられましたね。当時は今と違って、ハワイにマンションなんか持っている人なんて、あまり聞いたことがありませんでした。

それが三十八歳で引退するどころか、まだやってますが、引退したら一番したいことがあるんです。パリのモンマルトルで座って絵を描きたいんですよ。

絵は好きでね。描くのはいつも海の絵です。波があって岩があって、その波打ち際に潮が来て……というそんな風景が好きなんです。

だけど、その絵もなかなか完成しないんですけどね。それに僕の場合、絵を基本的に勉強したということがない。高校一年の時に、美術部で一年間しかやってないから基礎がないわけですよ。

僕らのプロレスでも、外国人選手が来日して一目見れば、基礎をどの程度やったかが分かります。だから、僕の絵をだれか専門家が見たらすぐ「なんだこんなもの」と言われるのが嫌で、人には見せませんが。

パリへ行くと必ずモンマルトルへ行って、喫茶店に座り画家が描いてるのを見てるんですが、「ここで描かせてもらえるのか」と聞いたことがあるんです。そうしたら、ショバ代みたいなものがいるんだそうですよ。

今は日本人観光客が多いから、あそこで僕がベレー帽をかぶって絵を描いているなんて、様にならないかもしれませんけどね。

引退というのは分かりません。明日になるかもしれないし、一年後かもしれない。でも、なるべく長く頑張りたいと思いますよ。いつ駄目になるかもしれないが、それまで頑張るということですね。

今は、頑張って選手権に挑戦するとかではなくて、皆さんに喜んでもらえるようにするというように変わりましたしね。

僕がいつ引退しても全日本プロレスは大丈夫だし、やっていけます。そういう点では、非常に気が楽なわけで、その分、長持ちするかな、とも思いますよ。

幸いにして、前は「早くやめろ」なんてやじもありましたが、このごろはそういうのがなくなり、温かい声援が飛びます。「ブタもおだてりゃ木に登る」と言いますけど、ファンにおだてられて、一生懸命にやっている、それが現状ですよ。

あとがき

ずっとプロレスをやってきて三十四年になりますが、今でも寒くなってコートを着るころになると、昭和三十四年の秋に、巨人軍からクビを言い渡されたことを思い出します。

あの時にプロレスの道に入らなければ、どうなったか分かりません。つくづく、プロレスをやっていてよかったと思います。

今でもプロ野球は気になります。プロ野球の人気がなくなると、テレビでプロレス中継の入る場所ができますが、逆だとプロレスは外されるからです。もっとも、今はテレビ界も不景気ですから、少しでも視聴率が上がり、テレビがよくなるように野球も応援していますが。

引退は今は考えていませんが、全日本プロレスは選手が育ってますし、僕がいなくなっても何の心配もありません。

でも、リングにあがって受ける歓声、声援の中で生活してきましたから、あれがなくなると思うと寂しいし、恐いと思う気持ちが八割ぐらいあります。半面、解放されてのんびりしたいという気持ちもあります。昔は寂しいという気持ちとのんびりしたいという気持ちが四分六分だったですから、いざその時が近づいてくると、恐くなるんですね。ではどうするかというと、ますます節制しなければいけないんだと思います。

全日本プロレスの社長業の方も、業績がいい時は、「社長業も悪くはないな」と思ったりしますが、いいならいいで、この状態がいつまで続くのか、と不安になってプレッシャーになります。ですから、今でもプロレスラーだけやってればよかった、社長業なんかやらないほうがよかったとは思いますけどね。

プロレスのブームといわれる状態はここ三〜四年続いています。ファンも来てくれます。先日、青森からむつへ興業して回った時は、十人ぐらいの女性ファンがずっとついてくるんです。ホテルも一緒でした。昔の僕らからしたら夢みたいなことです。僕は選手たちに、「ファンサービスに手ぐらい振れよ」と言ったんですが、それでも不安はあるんです。こうしたファンの期待に反したような試合をしたら、この人気がこのまま続いていくとは限りませんから。

今は全日本プロレスの場合、日本武道館の試合のチケットを先行発売します。どんな選手が出るのか、どんな組み合わせなのかが決まっていないのに、ファンは買ってくれます。

プロレスの歴史は、いかにお客さんをだますかだったと思います。切符が売れさえすればそれでいいと、出場選手の質を落としてギャラを節約し、逆に売れなくなるという選手を呼ぶ、というやり方だったんです。

それを全日本プロレスはファンを決して裏切らない、質の高いものをやる、ということでやってきました。今二十年経ってやっと信用がついてきたんです。この信用を一度でも崩したら終わりです。この信用を守っていくこと、そのためには一生懸命に、そしてまじめにやっていくしかありません。もちろん全日本プロレスのモットーである「明るく楽しく激しく」は、永久に続けていきたいと思っています。

好きな絵も今は全然描けませんが、描きたいなあと思います。文中でも触れた、パリのモンマルトルでキャンバスを広げるわけにはいかないし、日本でもちょっと無理でしょうから、どこか外国の河原でキャンバスを広げたいなあ、と考えたりしています。

一九九四年六月

ジャイアント馬場

「16文の熱闘人生」復刊記念

和田京平 インタビュー

『16文の熱闘人生』復刊にあたり、ジャイアント馬場をよく知る和田京平氏にインタビューを行いました。和田氏は全日本プロレスで長年レフェリーを務め、馬場の付き人として公私にわたり生活を共にしてきました。

（インタビュアー＝東京中日スポーツ・大西洋和）

——和田さんは二十六年間にわたって、全日本プロレスのレフェリーとしてだけでなく、運転手や付き人として私生活でもずっと馬場さんと行動されてきました。

「リングを運ぶ運送屋のアルバイトだった俺を、レフェリーとして見いだしてくれたのが馬場さん。恵

和田 京平（わだ・きょうへい）

昭和29年11月20日、東京都足立区生まれ。47年に全日本プロレスに参加し、49年にジャイアント馬場の推薦によりレフェリーデビュー。三冠ヘビー級王座や新日本プロレスとの対抗戦をはじめ、1万を超える試合を裁く。現在も現役レフェリーとして活躍中。レフェリー紹介の後に客席から起こる「キョーへーイ！」コールが名物となっている。

比寿の駅前のボウリング場の地下に馬場さんがジムを借りてて、そこでレフェリングの練習してたら、後ろから頭をパーンとやられて、『おまえはこれで食ってくんだ。笑いながらやるなんて何事だ！』って怒られたり。いろんなことを教わりましたよ。馬場さんはよく赤坂のホテルのレストランで食事してたんだけど、一緒に座ってると、テーブルの下で脚が出てくるんです。洋食は皿を持って食っちゃいかん、アメリカ行ったら笑われるぞって」

――馬場さんが亡くなって四半世紀近くたち、プロレスの試合はずいぶん変わりました。

「今はお客さんを休ませないプロレスになった。お客さんにトイレに行かせないプロレス、ポップコーンを食べさせないプロレス。ちょっと下を向いたら、技がひとつ決まっちゃう。レスラーは怖いんですよ、会場がシーンとするのが。俺、控え室で若いレスラーに馬場さんのころの、じっくり見せる試合の話をしながら、よく言うんです。今のプロレスもいいけれど、基本はこうなんだよ、と。馬場さんはゆっくりすぎたんだけどね。馬場さんは、京平に教えておけば言ってくれるって思ってたんじゃないかな。だから俺をそばに置いて、ああでもないこうでもないと言ってたんだろうね。ま、馬場さんにはめられたんだよ」

――馬場さんは和田さんを自分の子どものようにかわいがっておられました。

「馬場さんはゴルフとハワイが大好きで、よくお供しました。ドライバーは全盛時で三〇〇ヤード飛ばしてましたよ。それに、転がしのアプローチとパターがうまかった。俺の方がハンディキャップがちょっと上だったんだけど、馬場さんにハンディあげましょうかって言うと、おまえからなんて死んでももらうか、なんて。毎年十二月に年内最後の興行が終わったら、次の日からクリスマスまで一緒にハワイに行くんだけど、ゴルフやらないのは着いた日と帰る日だけ。で、日本に帰って、二十八日に仕事納めで事務所行って、お菓子なんか用意して、馬場さんが『みなさん、一年間ご苦労さん』ってやる。でも、それで終わりじゃない。その後、『京平、行くぞ』と言われて神宮外苑の行きつけのゴルフ屋さんに行く。『明日はどのゴルフ場に行こうか』なんて。三十日の夜、本当に今年はこれで最後だ、なんて別れても、大晦日にうちの嫁さん連れて、今年一年ありがとうございました、とあいさつに行く。翌日は、明けましておめでとうございます。全日本プロレスは一月二日の後楽園ホール大会から始まるから、結局毎日一緒なんですよ」

――馬場さんは私生活でも豪快だったとか。

「ゴルフ屋さんに行くと、『京平、このクラブ三本買っとけ』なんて。馬場さんの足に合うゴルフシューズってまずないんだけど、『見本があれば作れます。何足作りますか』って言われて、『全色だ』って。十二足くらいになっちゃった。ハワイのアラモアナショッピングセンターのグッチの店で馬場さんが革靴見てて、俺が『社長に合うサイズありませんから』なんて言うと、『この野郎、ばかにしやがって。店員呼べ』なんて言って、店員さんに『これとこれと……』なんて始める。『俺の足形はな、グッチに置いてあるんだ。だから、職人が作ってくれるんだ。どうだ、たいしたもんだろ』って。お茶目なんですよ」

——おしゃれだったんですね。

「エルメス行ったらネクタイを探すんだけど、同じ柄が二本ないと買わない。いいと思うのがあっても、一本しかなかったら、いらんと。二本買って、日本で職人さんにつなげてもらって一本にするんです。よく言ってましたよ、『おまえら、みんなそろってるじゃないか。俺はないんだ』って。だからバカ買いしちゃう。履ける靴が二十あったら二十買っちゃう。持って帰るのは俺らなんですけどね」

——この本が最初に出版されたころ、馬場さんは五十歳代の半ばで、そこまでの半生を語っておられます。それ以降、六十一歳で亡くなるまで現役を貫く一方、第一線を退いて前座に出られるようになりました。

「ある日、馬場さんが言ったんです。『最近俺のファンが増えちゃった。売店でTシャツ買ってくれた人にサインするだろ。もらった人が喜ぶんだ。だから、やめるわけにいかないんだよ』って。試合開始前に、葉巻吸いながら堂々と表に出てきてサインする。後楽園ホールだと千人以上が馬場さんを見ながら入っていくわけです。すると、親近感が出てくる。『馬場、早く起き上がれ！』なんてヤジ飛ばしてた人が、『馬場頑張れ！』と叫ぶようになった。馬場さんはそれが楽しかったみたいですね」

——還暦記念試合は一九九八年一月二十三日、後楽園ホール。馬場さんは弟子の三沢光晴さんらとトリオを組み、同じく弟子の川田利明さん、小橋建太さんらと対戦しました。

「映像を今見ても、一番うまいのは馬場さんだね。すごい。声援も一番大きかった。小橋のチョップをくった馬場さんが、地団駄踏んでね。あれを見てお客さんがわくんですよ。ああいうのは今のレスラーはできない。帰りの車の中で、『俺もまだできるな。捨てたもんじゃないな』ってうれしそうだった。『川田の蹴りはあんなに強いのか、電気が走ったよ、三沢たちも大変だな』とかね。後で彼らにその話をしたら、『あんなに元気だとは思いませんでしたよ』なんて言ってました。でも、試合中に川田が馬場さんにビンタしたんだけど、『あれはいかん、目上の人にビンタはいかん、失礼なことはしちゃいかん』とも言ってました。よく倒れた相手を足で踏みつけて3カウントを要求するレスラーがいるけれど、『やられたヤツを起こしてあげるくらいの器量を持て、やられたヤツの気持ちになれ』なんてことも言ってました」

——馬場さん自身は、本当はいつまで現役を続けられると考えられてたんでしょう。

「還暦試合が終わってしばらくしてから、『俺はあと二、三年で動けなくなる。死にはしないけれど、この体だから動けなくなる』と言ってました。車いすの準備もしていて、アメリカの大きいやつのパンフレットに目を通してました。『だれが面倒見てくれるかなあ、うちの母ちゃんと、あとおまえかな。おまえが車いす押してくれて、喫茶店に行って……』とかね」

——リング上では元気だっただけに、入院して亡くなるまでが突然で、ファンはびっくりしました。

「九八年十二月二日、巡業バスで長野県松本市の体育館に着いたんですよ。でも馬場さん、なかなか立ち上がらない。奥さんの元子さんが『行きますよ』と言ったら、馬場さん、怒ったんです。『動けない！　行かん！』って。ふだん怒らない馬場さんが怒鳴るから、これはたいへんだと。そこからタクシーと列車で新宿の病院（東京医科大病院）に行った」

——三日後の五日、日本武道館大会には出場されました。そして、それが馬場さん最後の試合になりました。

「武道館の後、いつものようにハワイに行くつもりで、俺は馬場さんの荷物を準備してたんだけど、病院の先生が、『数字に怪しいのがあるから、今年はやめてくれないかなあ』って言うんです。本人は分かってないから、『なんだよ、なんの病気だよ』と言ってました。で、それから我々もずーっと病院にこもりっきり。それが何日も続くから、馬場さんいらいらして、『俺の病気はなんなんだ！　なんでこんなに入院してんだ！　風邪くらいで！　先生も教えてくれないじゃないか！』と怒ってました」

——そのまま年を越した。

「一月に九州の巡業が始まって、俺は元子さんから、腸閉塞で手術すれば大丈夫って聞いてた。でも、巡業が終わって帰ってきたら、馬場さんがあまりにも力がなかった。一月二十三日の誕生日にみんなでケーキにろうそく立てておめでとうございまーすって言った。元子さんが火を吹き消したんだけど、その明るさがなんか変なんです。これは何かあると思った。その後、元子さんから、もうカムバックはできない、このまま逝かせてあげたい、お疲れさまと言ってあげたいと言われた」

――亡くなったのはそれから八日後の三十一日でした（死因は大腸がんの転移による肝不全）。

「夕陽のきれいな日でね。公表はしばらく待ちたいということだったんで、暗くなってから馬場さんを車に乗せて、好きだった神宮外苑の道を通って、毎日のように通ったゴルフ屋さんの前を通って、自宅マンションに運んだ。馬場さんの部屋は八階なんだけど、エレベーターに入らないんですよ。立てることもできない。しょうがないから階段で行くことになって、俺も運んだんだけど、重くて三回落としました。社長、勘弁してください、勘弁してくださいって」

――次の日からも大変だったのでは。

「亡くなった日の夜は俺も家に帰ったんだけど、翌朝、元子さんから電話が入った。『見つかったみたい』って。気づいた新聞社があったんです。急いで行きました。そのうち、玄関がピンポンって鳴った。当時のマンションはセキュリティーも甘いから玄関先まで入れたんですね。『馬場さん、退院されたそうですね』『はい、元気ですよ』ってやりとりするんだけど、中からお線香の匂いがするから分かりますよね。向かいのマンションから狙っているカメラマンもいる。

これはもう言うしかないとなって、記者発表しました」

——プロレスファンだけでなく、世間も大騒ぎでした。

「そうしたら、今度は馬場さんのゴルフ仲間が何人も来た。馬場さんに会わせろって。俺、そのとき初めて泣きました。内緒にしててごめん、元気だって言ってたのに亡くなったって。で、みんなで馬場さんの思い出話してたときに、そういえば元子さんがいないなあって言ってたら、『ここにいるわよ』って、馬場さんの布団の横から出てきた。添い寝してたんですね。それを見て、あー美しいなあ、これが夫婦かって思いました」

——今では生前の馬場さんを知らない人が多くなりました。

「考えてみれば、おれはもう馬場さんの年齢を越しちゃった。馬場さんの言う通りだなあって思うことがよくありますよ。馬場さんが何かの袋を開けるのに時間がかかったりして、『俺がやりますよ』なんて言うと、『馬鹿野郎、俺のリハビリなんだ。おまえも年取りゃ分かる』って。それを今、俺が若いレスラーに言っててます。『おまえも年取りゃ分かる』って。俺、教養なんてないけれど、いろんなことをひとつひとつ教えてくれた。『短気は損気』『聞くは一時の恥、聞かぬは一生の恥』なんてことも、よく言ってましたね。馬場さんは先生であり、お父さんでした。うちの親よりも長く付き合ったんだから。この本を開いた人が、そんなやりとりを知ってくれたらうれしいですね」

ジャイアント馬場 略年譜

年代	出来事
昭和13年	1月23日、新潟県三条市西四日町で生まれる。父は青果商の馬場一雄、母ミツ。兄一人、姉二人の次男。
16	12月8日、太平洋戦争始まる
18	兄ガダルカナルで戦死
19	四日町国民学校入学
20	長岡空襲、家の二階から見る。8月15日終戦
24	少年野球団「若鮎クラブ」のエース。家業を手伝い、リヤカーを引いて市に。11月、太平洋野球連盟（パシフィック）、12月、セントラル野球連盟結成
25	初めて巨人軍を新潟で見る。「少年ジャイアンツの会」入会。相撲強く、あだ名は「ゴジラ」。三条第一中学入学。6月、朝鮮戦争始まる
26	4月、マッカーサー解任。10月、初のプロレス試合＝力道山対ブランズ
27	5月、ボクシング世界フライ級タイトルマッチ、白井義男が王座に。モルモン教に入信
28	2月、NHKテレビ本放送開始。三条実業高校機械科入学、美術部に入る。栃錦に大相撲入りを勧誘される
29	2月、シャープ兄弟と力道山の対決興行。待望の野球部に。夏の甲子園予選一回戦敗退。巨人軍から勧誘。12月、力道山と柔道の木村が対決、力道山勝つ
30	1月18日、高校中退し巨人軍入団。20日宮崎・串間キャンプに参加。春、明石キャンプで元子夫人と知り合う。プロレス・ブーム＝プロレスごっこで死者も。左右社会党が統一、保守も合同

31	二軍で12勝1敗、最優秀投手。11月、メルボルン五輪。12月、日本、国連加盟。神武景気
32	二軍で13勝2敗、最優秀投手。シーズン後半公式戦初登板、対阪神戦。 後楽園で中日戦に先発、200勝がかかった杉下投手と投げ合い、敗戦投手。12月、脳腫瘍手術
33	長嶋選手、巨人に入団。また二軍行き
34	王選手巨人に入団。4月、皇太子ご成婚。テレビ時代に。 10連勝、3度目の最優秀投手に、だがひじ痛で退団
35	安保改定阻止闘争。大洋入り。左ひじを切り野球断念。4月、力道山道場に入門。9月初マット
36	5月、初の外国人対決に震える。7月、アメリカ修行に羽田空港発。8月、初試合。 ニューヨークに定着、悪役として観客をわかせる。12月、師匠アトキンスの元に
37	16文キック開発。NWA世界王座に初挑戦
38	第4代WWA世界王者デストロイヤーとタイトルマッチ。メーンイベンターに。 3月17日帰国、1年8カ月ぶり。 第5回ワールド・リーグ戦で「ジャイアント馬場」と名乗り、力道山と初のタッグ。 5月、ウイスキー一気のみ。6月、力道山結婚。10月再渡米。 11月ケネディ暗殺。12月8日、力道山刺され、15日死亡
39	2月、三大世界王座に挑戦。4月3日、帰国。 5月、ワールド選抜戦シリーズで豊登と組みアジア・タッグ王座奪還。 7月23日、母校・三条実業高校のグラウンドで初防衛。10月、東京オリンピック
40	単身渡米、「16文キック」磨く。「32文ロケット砲」開発。 警視庁から暴力団との関連指摘、公共施設から締め出し広がる。 11月、力道山ゆかりの日本ただ一つのシングル王者に。「馬場時代」に突入

41	1月、豊登、日本プロレス社長辞任（東京プロレス旗揚げ）。選手会長に。 2月、ルー・テーズにインター王座の挑戦を受け、フォール勝ち。9月、国際プロレス設立
42	10月、猪木と組み「BI砲時代」に
43	1月、日本プロレスは蔵前国技館、国際プロレスは両国日大講堂での「隅田川決戦」。 2月、インター王座20回目の防衛、力道山の19回を越す。 11月、父・一雄死去。12月、三億円事件。年間24回のタイトルマッチ出場、生涯年間最多
44	1月、国内１０００試合。東大安田講堂〝落城〟。7月、アポロ月面着陸、人類月に。 12月、ＮＷＡ世界王座ドリー・ファンク・ジュニアに挑戦、引き分け
45	3月、ハワイにマンション購入。大阪万博
46	7月、母ミツ死去。8月、ドルショック。9月、ハワイで二人だけの結婚式。12月、猪木除名
47	3月、猪木の新日本プロレス旗揚げ。7月、独立計画発表。田中内閣成立。 8月、日本プロレスでの最後の試合。約12年で１６６３戦目。9月、全日本プロレス設立発表。 10月、旗揚げ。町田大会。ジャンボ鶴田入団
48	1月、ＮＷＡ加盟認められる。3月、デストロイヤー日本定着。 9月、ヘーシンク入団発表。10月石油ショック＝狂乱物価
49	11月、田中首相辞任。12月、ブリスコからＮＷＡ世界王座奪取
50	2月、「馬場・鶴田時代」幕開け。4月、ベトナム戦争終結。12月、力道山13回忌追悼特別試合
51	2月、ロッキード事件発覚。6月、猪木アリ戦。10月、天龍源一郎入団

52	11月、韓国遠征
54	6月、東京サミット。10月、5年ぶりにＮＷＡ王座奪還
55	4月、35・9・30デビュー戦以来、国内公式戦連続出場３０００試合
56	2月、ＮＷＡ世界王座への最後の挑戦。12月、ハンセン登場、引き抜き合戦終戦
57	6月、１００回目の王座防衛を表彰。東北新幹線が開業。12月、「ゆく年くる年」の総合司会の1人に
58	5月、日本海中部地震。8月、新日本プロレス猪木、社長の座を追われる
59	2月、サラエボ冬季五輪。4月、新団体・ＵＷＦ旗揚げ。初の欠場。３７６４試合で連続出場記録ストップ。インター・タッグ王座を返上、無冠に。7月、ロス五輪。8月ＮＷＡ総会で第一副会長に選任される
60	8月、日航ジャンボ機事故、５２０人死亡。10月、タイトル戦線から引退、テレビ解説者に
61	4月、国内試合出場４０００試合。元横綱・輪島入団
62	マット歴満27年
64	1月、昭和天皇逝去
平成2年	元横綱・北尾がデビュー。10月、ＳＷＳ（メガネスーパー・ワールド・スポーツ）が旗揚げ
5	4月、国内試合出場５０００試合達成
11	1月31日、肝不全のため東京都内の病院で死去

〈著者略歴〉
ジャイアント馬場　本名:馬場正平（ばば・しょうへい）

昭和13年１月23日、新潟県三条市生まれ。小学生時代から野球に熱中。30年１月、高校中退して巨人軍に入団。32年シーズン後半公式戦初登板。12月脳腫瘍手術。35年、ひじ故障で野球断念、力道山道場に入門。９月初マット。36年７月、渡米修行。37年16文キックを開発。38年メーンイベンターとなり、３月帰国。力道山とタッグを組む。再度渡米。47年10月独立し、全日本プロレス設立。49年、ＮＷＡ王座に。55年、デビュー戦以来、国内公式戦連続出場3000試合を達成。59年８月、ＮＷＡ総会で第一副会長に。平成５年４月、国内5000試合出場達成。
11年1月31日、肝不全のため東京都内の病院で死去。61歳。

ジャイアント馬場（ばば）　16文（もん）キックの伝説（でんせつ）

2023年10月25日 第１刷発行

著　　者　ジャイアント馬場
発 行 者　岩岡千景
発 行 所　東京新聞
〒１００－８５０５　東京都千代田区内幸町２－１－４
中日新聞東京本社
電話〔編集〕０３－６９１０－２５２１
〔営業〕０３－６９１０－２５２７
ＦＡＸ　０３－３５９５－４８３１

写真提供　山内猛
カバー写真　木村盛綱
ブックデザイン　クロックワークヴィレッジ
印刷・製本　株式会社シナノ パブリッシング プレス

ISBN978-4-8083-1092-9　C0023